ARMORIAL
DES ETATS
DE
LANGUEDOC.

Par M. GASTELIER DE LA TOUR,
Ecuyer.

A PARIS,
De l'Imprimerie de VINCENT, Imprimeur-Libraire des Etats de Languedoc.

M DCC LXVII.
AVEC PRIVILEGE DU ROI.

AVANT-PROPOS.

CET Ouvrage agréé par Délibération des Etats du 6 Mars 1764, eſt extrait du premier Volume manuſcrit du Nobiliaire hiſtorique de Languedoc, & contient les Armoiries de MM. les Commiſſaires, préſidens pour le Roi, aux Etats; celles de leurs Officiers; les Armoiries du Clergé, ſuivant le rang des Prélats aux Aſſemblées; celles de la Nobleſſe, avec des Notes ſur les Baronies, tant annuelles que de tour; les Armoiries des villes qui envoient leurs Députés, & celles des Officiers de la Province.

Les Notes hiſtoriques ſur les Métropoles & Cathédrales, ſont tirées de l'Hiſtoire générale de Languedoc, par les Bénédictins.

Pour connoître les Baronies de tour du Vivarais & du Gevaudan, on a gravé deux rouës qui indiquent l'année de tour de chaque Baronie, à commencer à l'année prochaine 1768.

On trouve à tous les lieux qui députent, l'année de tour de chacun.

LE ROY.

LOUIS XV le Bien-aimé, Roi de France & de Navarre.

Deux Ecus joints ensemble; au premier d'azur, à trois fleurs-de-lys d'or, qui est de France; au deuxieme, de gueules, aux chaînes d'or, posées en croix, sautoir, double orle, une émeraude au centre, qui est de Navarre.

Ces écus, sommés d'une couronne royale & accolés des ordres de S. Michel & du S. Esprit;

TENANS, DEUX ANGES de carnation, posés sur des nuës.

S. A. S. Mgr LE COMTE D'EU,

Gouverneur & Lieutenant-Général pour Sa Majesté
en Languedoc.

D'azur, à trois fleur-de-lys d'or, au centre un bâton péri en barre de gueules. L'écu accolé des ordres de S. Michel & du S. Esprit ;

TENANS, DEUX ANGES ; six drapeaux passés en sautoir derriere l'écu, fascés d'or, d'azur & de gueules, terminés chacun par une fleur-de-lys du premier émail.

LOUIS-CHARLES DE BOURBON Comte

d'EU, Prince légitimé de France, Commandeur des Ordres du Roi, Lieutenant-Général de ſes Armées, né à Sceaux le 15 Octobre 1701, a été nommé Gouverneur & Lieutenant-Général pour Sa Majeſté en Languedoc, à la fin de l'année 1755.

Ce Prince eſt venu tenir les Etats aſſemblés à MONTPELLIER, le jeudi 29 Novembre 1764.

M. LE PRINCE DE BEAUVAU,

Commandant en chef dans la Province de Languedoc.

D'argent, à quatre lionceaux de gueules, armés, lampaſſés & couronnés d'or; L'écu en banniere, ſommé d'une couronne d'or à fleurons, fermée, & accolé des Ordres du Roi avec un manteau ducal, fourré d'hermine, deux demi-lionceaux de chaque côté ſur les replis.

CHARLES-JUSTE DE BEAUVAU, Prince du ſaint Empire Romain, Chevalier des Ordres du Roi, Grand d'Eſpagne de la premiere Claſſe, Capitaine des

Gardes du Corps de Sa Majesté, titré Prince de Beauvau; né à Luneville le 10 Novembre 1720; a été fait Colonel du Régiment des Gardes-Lorraines, le premier Mai 1740; Brigadier des Armées, le 16 Mai 1746; Maréchal-de-Camp, le 10 Mai 1748; Chevalier des Ordres, le 2 Février 1757; Lieutenant-Général des Armées, le 28 Décembre 1758; a été nommé *Commandant en chef* en Languedoc, le 31 Octobre 1765; s'est trouvé aux ETATS assemblés à Montpellier, le jeudi 19 Décembre suivant, en qualité de principal Commissaire de Sa Majesté; & aussi, en la même qualité, à ceux assemblés en ladite ville, le 27 Novembre 1766.

M. LE COMTE DE MAILLEBOIS,

Lieutenant-Général pour le Roi dans le haut Languedoc

Ecartelé, aux premier & quatrieme quartiers, d'azur, au dextrochere d'argent, tenant une plante de trois lys de même, qui est Desmaretz; aux second & troisieme, de gueules, à la tour d'argent accôtée de six fleurs-de-lys d'or en pals, trois de chaque côté, qui est d'alegre.

L'écu sommé d'une couronne de marquis, accolé des Ordres du Roi.

Marie-Yves DESMARETZ, Comte de Maillebois, né en Août 1715; Colonel du Régiment Dauphin,

Infanterie, en 1734 ; Brigadier des Armées, le 20 Février 1743 ; Maréchal de Camp, le 2 Mai de l'année suivante ; Lieutenant-Général des Armées, le 10 Mai 1748 ; reçu Chevalier des Ordres du Roi, le 2 Février 1757 ; nommé *Lieutenant-Géneral pour le Roi* dans le haut Languedoc, le 22 du même mois, servit la même année à la bataille de Hastembeck ; fut nommé Général de l'Armée du Roi en Flandre, en 1758.

M. LE MARQUIS DE PUISIEUX,

Lieutenant-Général pour le Roi dans le bas Languedoc.

De gueules, à la bande d'or, chargée d'une traînée de poudre de sable en ondes & de cinq barillets de même.

L'écu sommé d'une couronne de marquis & accolé des ordres de S. Michel & du S. Esprit.

LOUIS-PHILOGENE BRULART, Marquis de Puisieux, Comte de Sillery, &c. né le 12 Mai 1702, a été d'abord Mestre-de-Camp d'un Régiment de cavalerie de son nom, Brigadier des armées du Roi, le premier Août 1734, Ambassadeur de France auprès du Roi de Naples, en 1735; Maréchal de Camp, le 20 Février 1743; Ministre plénipotentiaire de France aux conférences de Breda, en Septembre 1746; Conseiller d'Etat d'épée ordinaire, en Octobre suivant; Ministre & Secrétaire d'Etat des affaires étrangeres, le 19 Janvier 1747; Chevalier des Ordres, le 2 Février 1748; *Lieutenant-Général pour le Roi* dans le bas Languedoc, en Mai 1751.

M. LE DUC DE GONTAUT,

Lieutenant-Général pour le Roi dans les Cevennes.

Écartelé d'or & de gueules.

L'écu en baniere a pour ornement extérieurs une couronne ducale ; il est accolé des Ordres du roi, & a pour supports deux griffons ; derriere est le manteau ducal, dont les replis sont écartelés d'or & de gueules.

CHARLES-ANTOINE-ARMAND DE GONTAUT DE BIRON, nommé *Duc de Gontaut ;* né le 8 Septembre 1708, Colonel du Régiment de Biron, en 1735 ; Brigadier des armées, le 20 Février 1743 ; Maréchal de Camp, le premier Mai 1745 ; Lieutenant-Général des armées, le 10 Mai 1748 ; reçu Chevalier des Ordres, le 2 Février 1757 ; *Lieutenant-Général pour le Roi* dans les Cevennes, en Octobre de la même année.

M. LE VICOMTE DE SAINT-PRIEST, *Intendant de Justice, Police & Finances* en la Province de Langedoc, Commissaire député par sa Majesté, pour la tenue des Etats.

Ecartelé; aux premier & quatrieme quartiers; d'argent à trois merlettes de sable, qui est de Guignard; aux second & troisieme, d'azur, au chevron d'argent, accompagné en chef de deux tours d'or, qui est de Saint-Priest.

L'écu sommé d'une couronne de Marquis.

SUPPORTS; deux lions affrontés, les têtes contournées.

JEAN-EMMANUEL GUIGNARD, Vicomte de

Saint-Prieſt, Conſeiller Honoraire au Parlement de Grenoble; étant Maître des Requêtes, Préſident au Grand-Conſeil, Commiſſaire du Roi à la Compagnie des Indes en 1751, il eut l'*Intendance* de Languedoc; fut principal Commiſſaire de Sa Majeſté aux Etats aſſemblés à Montpellier en Janvier 1764; & nommé Conſeiller d'Etat la même année.

M. DE SAINT-PRIEST,

Intendant de Juſtice, Police & Finances en la Province de Languedoc, Commiſſaire député par Sa Majeſté pour la tenue des ETATS.

Ecartelé; aux premier & quatrieme, d'argent, à trois merlettes de ſable, qui eſt de Guignard; aux ſecond & troiſieme, d'azur, au chevron d'argent, accompagné en chef de deux tours d'or, qui eſt de Saint-Prieſt.

L'écu ſommé d'une couronne de marquis.

SUPPORTS; deux lions affrontés, les têtes contournées.

MARIE-JOSEPH-EMMANUEL GUIGNARD de Saint-

Prieſt, Seigneur d'Alivet, Renage, Beaucroiſſant & autres lieux; Maître de Requêtes en 1758; a été nommé *Intendant* en Languedoc en 1764; s'eſt trouvé aux Etats aſſemblés à Montpellier le 19 Décembre 1765 en qualité de l'un des Commiſſaires du Roi.

M. GUY DE VILLENEUVE,

Trésorier de France, Commissaire député par Sa Majesté, pour la tenue des Etats.

D'or, au chevron d'azur, accompagné de trois merlettes de sable. L'écu sommé d'une couronne de comte.

JEAN-PIERRE GUY de Villeneuve, Président, *Trésorier de France*, Général des Finances, Grand Voyer en la Généralité de Toulouse, fut pourvu de cette charge le

24 Août 1730, reçu & instalé en la Chambre des Comptes le 23 Janvier 1731 & au Bureau des Finances, le 22 Juin de la même année; L'un des Commissaires du Roi & a la Commission établie par Lettres-Patentes du 30 Janvier 1734 pour les affaires des villes & communautés de la Province, s'est trouvé en qualité de Commissaire de Sa Majesté aux Etats assemblés à Montpellier le 27 Novembre 1766.

M. BENEZET,

Trésorier de France, Commissaire député par Sa Majesté pour la tenue des Etats.

D'azur, au chevron d'or, accompagné en chef de deux étoiles de même, & en pointe d'une foi d'argent.

L'écu sommé d'une couronne de comte.

JEAN BENEZET, Président, *Trésorier de France*, Général des Finances, Grand Voyer, Intendant des Gabelles; fut reçu à la Chambre des Comptes le 7 Juin 1732, & instalé au Bureau des Finances le 13 du même mois; l'un de Commissaires du Roi a la Commission établie par Lettres-Patentes du 30 Janvier 1734, pour les affaires des villes & communautés de la Province; s'est trouvé en qualité de Commissaire de Sa Majesté aux États assemblés à Montpellier le 27 Novembre 1766.

M. PUJOL

M. PUJOL DE BEAUFORT,

Secrétaire & Greffier de MM. Commiſſaires du Roi.

D'argent, au lion de ſable, armé, lampaſſé & couronné de gueules. L'écu ſommé d'un caſque de profil, orné de ſes lambrequins aux mêmes émaux.

GENEST PUJOL DE BEAUFORT, Conſeiller du Roi, *Secrétaire & Greffier* alternatif & mitriénal de

Messieurs les Commissaires, Présidens pour le Roi aux Etats; s'est trouvé à ceux assemblés à Montpellier le 27 Novembre 1766.

M. COSTER,

Secrétaire & Greffier de MM. les Commissaires du Roi.

D'azur, à une côte humaine d'argent en pal.
L'écu sommé d'un casque, orné de ses lambrequins des émaux de l'écu.

JOSEPH-FRANÇOIS COSTER, Secrétaire & Greffier en Chef de la Cour Souveraine de Lorraine & Barois; nommé le 8 Février 1767, Secrétaire du Commandement de Languedoc, Greffier de Messieurs les

Commiſſaires, Préſidens pour le Roi aux Etats de cette Province & de la Commiſſion établie par Lettres-Patentes du 30 Janvier 1734. Se trouvera à l'aſſemblée des Etats prochains.

ARMORIAL DES *ETATS DE LANGUEDOC.*

LA PROVINCE DE LANGUEDOC porte pour armes, de gueules, à la croix vuidée, cleché, pommetée & aleſée d'or; que l'on nomme auſſi *croix de Toulouſe.*

Pour ornemens extérieurs de l'écu, une couronne de comte.

Cet écu accolé de deux palmes de ſinople, attachées d'un lien de gueules.

Cette Province, ſelon ANDOQUE, en ſon Hiſtoire de Languedoc, page 355, a retenu les armes de *Raimond* de SAINT-GILLES, Comte de Toulouse, l'un des Chefs de la premiere Croisade contre les Infideles en l'année 1095; il portoit sur son bouclier une croix vuidée, clechée, pommetée & alésée d'or, semblable à celle que *Constantin* le Grand éleva dans le marché de Bisance, imitée d'une, qu'il avoit vu au ciel lorsqu'il combattit Maxence.

Cette Province en latin *Gallia Gothica*, au rapport du même Andoque, se nommoit anciennement la *Gaule Narbonnoise premiere*; elle changea de nom, l'an 414, & prit celui de *Lands de Goth*, c'est-à-dire *Terre de Goth*, & ensuite *Languedoc*.

DOM VAISSETTE, en son Histoire générale de la Province, Tome IV, dit: « Le mot *Languedoc*, pour désigner » les pays situés au-delà de la Loire soumis à la Couronne, » commença d'être en usage vers l'an 1272, on parloit » dans les trois Sénéchaussées de Toulouse, de Carcassone » & de Beaucaire & dans les autres contrées voisines, une » langue, à-peu-près, uniforme & semblable à celle qu'on » y parle encore aujourd'hui: on la nommoit *Romance*, » par opposition au latin; & c'est de cette langue parti» ticuliere, où l'on disoit *oc* pour *oui*, que la Province fut » nomme *Langue de oc*, *Languedoc*.

Mgr L'ARCHEVÊQUE DE *NARBONNE.*

D'argent, au lion léopardé de gueules, accompagné de trois croissans de même.
L'écu sommé d'une couronne ducale d'or.
La croix archipiscopale derriere de même, surmontée d'un chapeau de sinople à quinze houppes de chaque côté.
Devise : *Dum spiro, spero.*

ARTUR-RICHARD DILLON, né à S. Germain-en-Laye en 1721; Abbé d'Elan, diocèse de Rheims, en 1740; sacré Evêque d'Evreux le 28 Octobre 1753; nommé Archevêque de Toulouse le 14 Mai 1758; *Archevêque & Primat de Narbonne* le 5 Décembre 1762; Abbé de S. Jean des Vignes, Diocèse de Soissons, le 9 Juillet 1766; est, en qualité d'Archevêque de Narbonne, Président né des Etats.

L'Eglise de **NARBONNE** reconnoît pour premier Evêque *S. Paul-Serge*: il vivoit dans le troisieme siécle; cette Eglise est Métropolitaine depuis un tems immémorial; ses Archevêques étendoient autrefois leur jurisdiction sur plusieurs Evêques de Catalogne.

La Métropole est sous l'invocation de *S. Just* & de *S. Pasteur*.

Mgr L'ARCHÊVEQUE DE *TOULOUSE*.

Ecartelé ; aux premier & quatrieme quartiers, d'or, à deux vaches de gueules, accolées & clarinées d'azur, qui est de Bearn ; aux second & troisieme d'argent, au lion de gueules, armé, lampassé & couronné d'azur, la queue fourchée, nouée & passée en sautoir, qui est de Luxembourg. Sur le tout, d'or à l'arbre de sinople avec ses racines posé sur un tourteau de sable, au chef d'azur chargé de trois losanges d'argent, qui est de Lomenie.

L'écu sommé d'une couronne ducale, avec les ornemens de la dignité archiépiscopale.

ETIENNE-CHARLES DE LOMENIE de Brienne, né à Paris en 1727; Abbé de Bellefontaine en 1759;

ſacré Evêque de Condom le 11 Janvier 1761 ; *Archevêque de Toulouſe* le 31 Janvier 1763 ; Abbé du mont Saint-Michel le 9 Juillet 1766.

L'Egliſe de Toulouſe a eu pour premier Evêque ſaint Saturnin l'an 250.

Jean de COMMINGES en fut le premier Archevêque, en l'année 1317.

La Métropole eſt ſous l'invocation de *S. Etienne*.

Mgr L'ARCHEVÊQUE D'*ALBY*.

D'azur, à la bande d'or, accompagnée en chef d'un lion de même, armé & lampassé de gueules.

L'écu sommé d'une couronne ducale, une croix archiépiscopale derriere, le tout d'or terminé par un chapeau à trente houpes, dont quinze de chaque côté, de gueules. Deux épées d'argent garnies d'or passées en sautoir derriere l'écu, qui est accolé du cordon bleu d'où pend la croix du S. Esprit.

Devise : *Armé pour le roi.*

FRANÇOIS-JOACHIM DE PIERRE, Cardinal de Bernis, né à Saint-Marcel d'Arche en Vivarais le 22 Mai

1715 ; Comte de Brioude le premier Décembre 1739 ; Comte de Lyon le 18 Juillet 1749 ; Abbé Commendatire de l'Abbaye Royale de S. Médard de Soiſſons le 15 Août 1756 ; Prieur de la Charité-ſur-Loire en Octobre 1757 ; Abbé de Trois-Fontaines, Diocèſe de Châlons-ſur Marne en Février 1758 ; Commandeur de l'Ordre de S. Eſprit le 14 Mai ſuivant ; Cardinal le 2 Octobre de la même année ; *Archevêque d'Alby* le 27 Mai 1764 ; ſacré à Sens le 5 Août ſuivant.

L'Egliſe d'ALBY a eu pour premier Evêque S. Clair, il étoit Afriquain & vivoit ſous le régne de l'Empereur TRAJAN qui lui fit ſouffrir le martyre ; elle fut érigée en Métropole du tems du Pape *INNOCENT XI*, ſous le régne de LOUIS LE GRAND en 1676.

La Métropole eſt ſous l'invocation de *ſainte Croix* & de *ſainte Cecile* ; on la nomme ſeulement *ſainte Cecile*.

Mgr L'EVÊQUE DE *SAINT-PONS*.

D'azur, au chevron d'or, accompagné de trois dauphins d'argent, ceux en chef adossés.

L'écu sommé d'une couronne de comte, à dextere une mitre, à senestre une crosse, le tout d'or couvert d'un chapeau de sinople à dix houppes de chaque côté.

PAUL-ALEXANDRE DE GUENET, né à Rouen en 1690; nommé Evêque de *Saint-Pons* en 1727; sacré le 14 Mars 1728.

SAINT-PONS fut érigé en Évêché en 1318 par le Pape

JEAN XXII, on l'établit dans une célebre Abbaye de l'ordre de S. Benoît qui avoit été fondée en 936 par RAIMOND-PONS Comte de Toulouſe ; PIERRE premier du nom, vingt-ſixieme Abbé de ce lieu, fut le premier Evêque de cette Egliſe.

La Cathédrale eſt ſous l'invocation de *Saint-Pons.*

Mgr L'EVÊQUE DE *CARCASSONNE.*

D'azur, à trois couronnes ducales d'or.
L'écu sommé d'une couronne de comte, & accompagné des ornemens épiscopaux.

ARMAND BAZIN DE BEZONS, né à Paris le 30 Mars 1701, Abbé de la Grasse Diocèse de Carcassonne au mois d'Octobre 1721, nommé *Evêque de ce Diocèse* en 1730, sacré le 14 Janvier 1731.

L'Eglise de Carcaſſonne reconnoît pour un de ſes premiers Evêques SERGIUS qui ſe trouva au Concile d'Agde en 589.

Saint-Nazaire eſt le nom de la Cathédrale.

Mgr

Mgr L'EVÊQUE *D'UZÈS*.

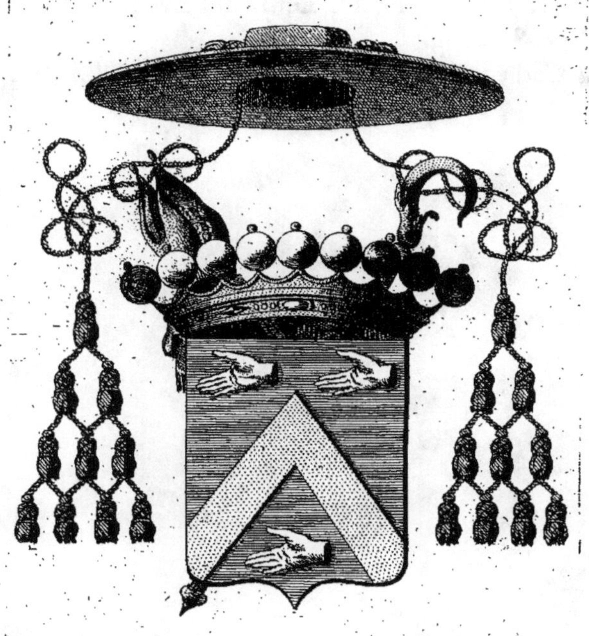

D'azur, au chevron d'or, accompagné de trois mains apaumées d'argent, posées en fasces, deux en chef, une en pointe.

L'écu sommé d'une couronne de comte; pour ornemens, les marques de la dignité épiscopale.

BONAVENTURE BAUYN, né a Dijon le 25 Novembre 1699, Abbé de S. Barthelemy Diocèse de Noyon en 1729, nommé *Evêque d'Uzès* en 1736, sacré le 24 Mars 1737.

CONSTANTIUS est le premier Evêque connu de l'Eglise d'Uzès, il vivoit au milieu du cinquieme siécle & souscrivit dans ce tems à la Lettre des Evêques des Gaules au Pape S. Léon.

La Cathédrale est sous l'invocation de S. *Thédorit*.

Mgr L'EVÊQUE DE *NISMES*.

De sable, à deux croix hautes trefflées aiguisées en leur partie inférieure, d'argent; l'une posee à dextre, l'autre à senestre, accompagnées en pointe d'une coquille de même.

Une couronne de comte sur l'écu, & les ornemens épiscopaux.

CHARLES-PRUDENT DE BECDELIEVRE, né à Nantes le 27 Février 1705, nommé *Evêque de Nismes* le 3 Juillet 1737, sacré à Paris le 12 Janvier 1738.

SEDATUS eſt le premier Evêque de Niſmes que l'on connoiſſe, il ſouſcrivit au Concile d'Agde en l'année 506.

Notre-Dame eſt le nom de la Cathédrale.

Mgr L'EVÊQUE DE *MIREPOIX*.

D'azur, à une étoile d'or, accompagnée en chef d'un vol abaissé d'argent, & en pointe, d'une fleur nommée *champflour*, du second émail tigée de sinople.

L'écu sommé d'une couronne de comte & accompagné d'une mitre & d'une crosse d'or, sur le tout un chapeau de sinople d'où pendent dix houpes, de chaque côté de même.

JEAN-BAPTISTE DE CHAMPFLOUR, né à Clermont en Auvergne en 1684, nommé *Evêque de Mirepoix* en 1737, fut sacré le 28 Février de l'année suivante.

L'Eglise de Mirepoix fut érigée en Evêché, par le Pape JEAN XXII le 26 Septembre de l'an 1317.

La Cathédrale est dédiée à *S. Maurice*.

Mgr L'EVÊQUE DE *SAINT-PAPOUL*.

D'azur, au sautoir d'or, cantonné de quatre billettes de même.

Pour ornemens extérieurs, une couronne de comte, une mitre, une crosse, le tout d'or, & un chapeau, d'où pendent de chaque côté dix houpes, de sinople.

DANIEL-BERTRAND DE LANGLE, né en 1702, Abbé de Blanchecouronne Diocèse de Nantes en 1729, eut l'Evêché de *S. Papoul* en 1738 & fut sacré le 5 Avril de l'année suivante.

Saint-Papoul fut érigé en Evêché par le Pape *JEAN XXII*

en 1317, ce lieu étoit anciennement une Abbaye de l'ordre de S. Benoît.

Bernard de LA TOUR, auparavant Abbé de S. Papoul, en devint le premier Evêque.

La Cathédrale est sous l'invocation de *Saint-Papoul.*

Mgr

Mgr L'EVÊQUE DU *PUY.*

D'azur, à l'homme ou franc armé, monté sur un cheval, tenant de la main dextre un badelaire prêt à frapper, le tout d'argent.

L'écu sommé d'une couronne de comte, surmontée d'une mitre & d'une crosse, le tout d'or, & terminé par un chapeau de sinople avec ses houppes de même.

JEAN-GEORGES LE FRANC de Pompignan né à Montauban en 1714, nommé *Evêque de Puy* le 17 Décembre 1742 sacré le 11 Août de l'année suivante, Abbé de S. Chaffre dans son Diocèse en 1747.

Ce Prélat est suffragant immédiat du saint Siége & a le droit de porter le pallium ; ce droit fut acordé à l'Evêque du PUY par le Pape *LEON X* en 1501.

L'Eglise du PUY, l'une des plus anciennes des Gaules, eut pour premier Evêque S. GEORGES, il vivoit vers l'an 245.

Nôtre-Dame, est le nom de la Cathédrale.

Mgr L'EVÊQUE DE *BEZIERS*.

D'azur, au chevron d'or, accompagné en chef de deux étoiles à six rais de même ; & en pointe d'un rocher d'argent.

L'écu sommé d'une couronne de comte, avec les ornemens épiscopaux.

JOSEPH-BRUNO DE BAUSSET de Roquefort, né à Aubagne Diocèse de Marseille en 1702, nommé *Evêque de Beziers* en Novembre 1745, sacré le 5 Juillet 1746.

L'Eglise de BEZIERS a eu pour premier Evêque Saint Aphrodise qui vivoit vers l'an 255.

La Cathédrale est sous l'invocation de *S. Nazaire* & de *S. Celse*.

Mgr L'EVÊQUE DE *RIEUX*.

D'argent, au levrier passant de Sable accolé d'or, au chef de gueules, chargé de trois molettes d'éperons du troisieme émail.

L'écu sommé d'une couronne de comte ; à dextre une mitre, à senestre une crosse ; le tour d'or, terminé par un chapeau, à dix houpes de chaque côté de sinople.

JEAN-MARIE DE CATELLAN, né à Toulouse en 1696, nommé *Evêque de Rieux* en 1747, sacré le 13 Juin de l'année suivante.

L'Eglise de Rieux fut établie par le Pape *JEAN XXII* en 1317. Guillaume de la Broce Doyen de Bourges, occupa le premier ce siége Episcopal. On choisit l'Eglise Paroissiale de *Nôtre-Dame* pour la Cathédrale.

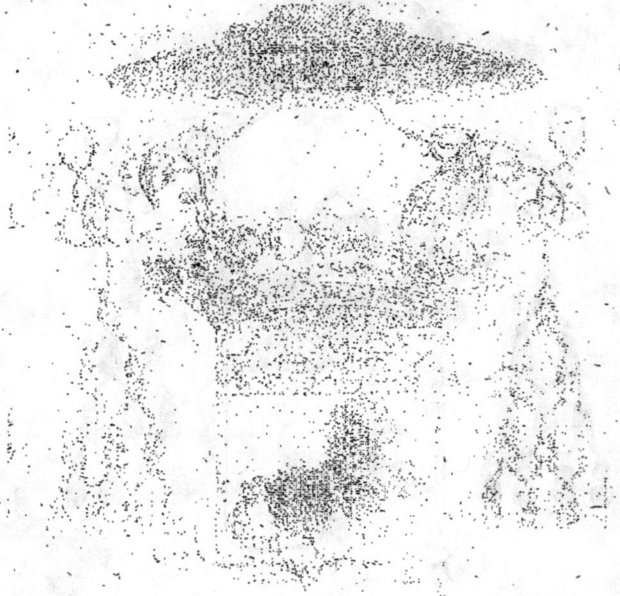

Mgr L'EVÊQUE DE *VIVIERS*.

D'or, au cheval cabré de sable, au chef d'azur, chargé de trois étoiles du champ. L'écu sommé d'une couronne de comte, avec les ornemens épiscopeaux.

JOSEPH-ROLIN DE MOREL de Mons, né à Aix n Provence en 1713, nommé *Evêque, Comte de Viviers* n 1748 & en cette qualité Prince de Donzere, Seigneur e Saint-Andeol, fut sacré le 6 Octobre de la même année. Cette Egiise anciennement établie à Aps, Ville capitale des Helviens ruinée par les Wandales dans le cinquieme siécle, fut tranférée à VIVIERS : on dit que JANVARIUS fut le premier Evêque de ce siége.

S. Vincent est le Patron de la Cathédrale.

Mgr. L'EVÊQUE DE *LODEVE.*

D'or, à trois pointes d'azur, mouvantes du bas de l'écu.

Pour ornemens extérieurs, une couronne de comte; à dextre, une mitre d'or; à senestre, un crosse de même, le tout surmonté du chapeau épiscopal.

JEAN-FELIX-HENRI DE FUMEL, né à Toulouse en 1715; sacré Evêque de Lodeve le 25 Mai 1750, en cette qualité Comte de Montbrun.

L'Eglise de Lodeve est des plus anciennes & du tems

des Apôtres, on lui donne pour premier Evêque *Saint-Flour.*

La Cathédrale est dédiée à *Saint-Geniès* & à *Saint-Fulcran.*

Mgr L'EVÊQUE DE *CASTRES*.

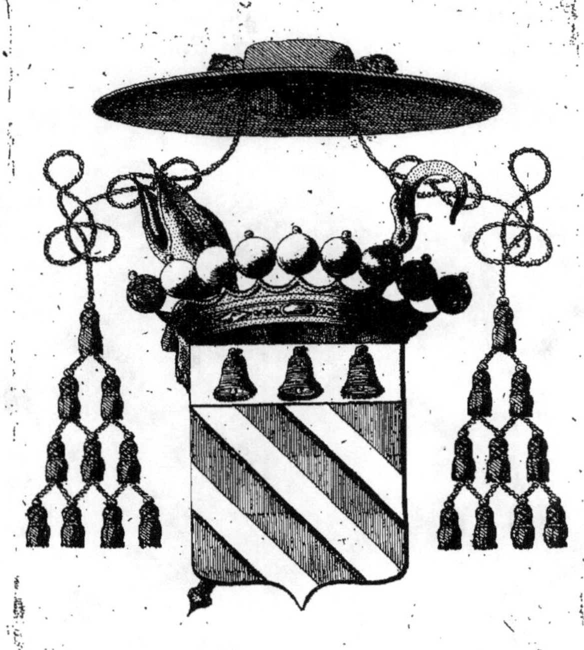

De gueules, à trois bandes d'argent, au chef de même, chargé de trois cloches d'azur bataillées d'or.

L'écu sommé d'une couronne de comte, une mitre d'or, & une crosse de même; le tout surmonté d'un chapeau, d'où pendent de chaque côté dix houpes, de sinople.

JEAN-SÉBASTIEN DE BARRAL, né à Grenoble le 15 Octobre 1710; nommé *Evêque de Castres* en 1752, sacré le 12 Décembre de la même année.

L'Abbaye de Saint-Benoît de la ville de Castres, érigée en Evêché par le Pape *JEAN XXII* au mois de Juillet 1317, eut pour premier Evêque DEODAT, Abbé de Lagny au Diocèſe de Paris.

La Cathédrale eſt dédiée à *S. Benoît.*

Mgr L'EVÊQUE D'*ALAIS*.

Ecartelé ; au premier & quatrieme quartiers, d'argent au buisson de sinople, mouvant du bas du quartier, au chef de gueules chargé d'un lion issant d'or; aux second & troisieme, d'azur à trois coquilles d'or.

L'écu sommé d'une couronne de marquis, & des ornemens de la dignité épiscopale.

JEAN-LOUIS BUISSON de Beauteville du Diocèse de Mirepoix, né en 1708 ; Abbé de Valmagne Diocèse d'Agde en 1747 ; nommé *Evêque d'Alais* le 16

Novembre 1755 ; facré l'année fuivante, eut l'Abbaye de Sainte-Croix Diocèfe de Bordeaux en 1761.

Le Pape *INNOCENT XII* érigea Alais en Evêché le 16 Mai 1694. Les Lettres-Patentes de *LOUIS XIV* pour cette érection, font du mois de Juin fuivant ; elles furent enrégiftées au Parlement de Touloufe le 21 Octobre de la même année.

La Cathédrale eft fous l'invocation de *S. Jean Baptifte.*

François CHEVALIER de Saux fut le premier Evêque d'Alais.

Mgr L'EVÊQUE D'AGDE.

Ecartelé ; aux premier & quatrieme quartiers, de ſable à la croix d'argent, chargée de cinq coquilles de gueules, qui eſt de Rouvray Saint-Simon : aux ſecond & troiſieme, échiqueté d'or & d'azur, au chef de France, qui eſt de Vermandois. L'écu ſommé d'une couronne ducale, ſurmontée à dextre d'une mitre, & à ſeneſtre d'une croſſe, le tout d'or, terminé par un chapeau de ſinople à dix houpes, de chaque côté de même.

CHARLES-FRANÇOIS-SIMEON DE ROUVRAY de Saint-Simon de Sandricourt, né à Paris le 5 Avril 1727;

nommé *Evêque-Comte d'Agde* en Mars 1759 ; ſacré le 6 Mai de la même année.

L'égliſe d'Agde eſt de l'an 453 ; BOETIUS en fut le premier Evêque.

La Cathédrale eſt ſous l'invocation de *S. Etienne.*

Mgr L'EVÊQUE DE *MONTAUBAN*.

D'azur, à l'épervier essorant d'or, longé & grilleté de même.

L'écu sommé d'une couronne de marquis, à dextere une mitre, à senestre une crosse, le tout d'or, sur la couronne un chapeau de sinople, d'où pendent de chaque côté dix houpes de même.

ANNE-FRANÇOIS-VICTOR LETONNELIER de Breteuil, né à Paris, nommé *Evêque de Montauban* en Octobre 1762, sacré le 24 Février 1763.

Le Pape *JEAN XXII* érigea l'Abbaye de S. Théodard de Montauban en Evêché en 1317.

La Cathédrale eſt ſous l'invocation de *Saint-Martin.*

Mgr L'EVÊQUE D'*ALET*.

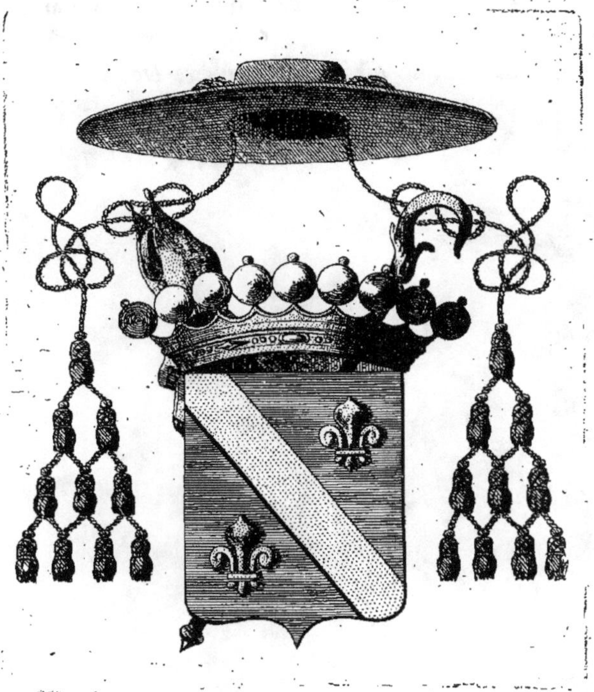

D'azur, à la bande d'or, accompagnée de deux fleurs-de-lys de même.
Pour ornemens extérieurs de l'écu, une couronne de comte & les marques de la dignité épiscopale.

CHARLES DE LACROPTE de Chanteirac, né en 1731; nommé Abbé de Serry Diocèse d'Amiens en 1750, Evêque d'Alet le 2 Janvier 1763; sacré le 19 Juin ſuivant prêta ſerment de fidélité entre les mains du Roi le 25 du même mois.

ALET fut érigé en Evêché l'an 1318 par le Pape *JEAN XXII.*

La Cathédrale eſt dédiée à *Nôtre-Dame.*

Mgr L'EVÊQUE DE *COMMINGES*.

De gueules, au vol d'Hermine.

L'écu ſommé d'une couronne de comte, d'une mitre & d'une croſſe d'or, avec un chapeau de ſinople d'où pendent dix houpes de même, de chaque côté.

CHARLES-ANTOINE-GABRIEL D'OSMOND de Medavy du Diocèſe de Séez, né en 1723; Chanoine-Comte de Lyon en 1743; nommé *Evêque de Comminges* le 2 Novembre 1763; ſacré le premier Avril de l'année ſuivante.

L'Eglise de Comminges a eu pour premier Evêque SUAVIS qui souscrivit au Concile d'Agde l'an 506.

La Cathédrale est dédiée à *Nôtre-Dame* & à *Saint-Bertrand*.

Mgr L'EVÊQUE DE *MONTPELLIER*.

Ecartelé, aux premier & quatrieme quartiers, d'argent à la bande d'azur, qui est de Durfort; aux second & troisieme de gueules, au lion couronné d'or, accompagné de douze besans d'argent, qui est de cardaillac.
L'écu sommé d'une couronne ducale & décoré des ornemens épiscopaux.

RAIMOND DE DURFORT né en 1721, nommé *Evêque d'Avranches* en Juillet 1764, sacré le 8 Septembre suivant; fut transféré a l'*Evêché de Montpellier* le 28 Mai 1766; il est en cette qualité Comte de Mauguio &

de Montferrant, Marquis de la Marquerose & Baron de Sauve.

L'Eglise de Montpellier fut d'abord établie à Maguelonne ; BOETIUS qui se trouva au Concile de Tolede est mis au rang des premiers Evêques de ce siége, que que l'on établit ensuite à Sustancion & après à Maguelonne, jusqu'en 1536, qu'il fut transféré à Montpellier, sous le régne de *FRANÇOIS I* & sous l'Episcopat de *Guillaume* PELISSIER.

S. Pierre est le nom de la Cathédrale.

Mgr L'EVÊQUE DE *LAVAUR*.

Ecartelé de gueules & d'azur ; le premier & quatrieme quartiers chargé d'une molette-d'éperon d'argent.

L'écu sommé d'une couronne de comte, une mitre à dextre & une crosse à senestre ; le tout terminé par un chapeau de sinople avec dix houpes de chaque côté de même.

JEANDEDIEU-RAIMOND DE BOISGELIN de Cucé, nommé *Evêque de Lauvaur* le 26 Décembre 1764, sacré le 29 Avril de l'année suivante.

L'Eglise de LAVAUR érigé en Evêché le 22 Février 1316 par le Pape *JEAN XXII*, eut pour premier Evêque *Roger d'ARMAGNAC*.

La Cathédrale est dédiée à *Saint-Alain*.

ÉVÊCHÉ DE *MENDE*.

Siége Episcopal vaquant.

L'Eglise de MENDE reconnoît *S. PRIVAT*, Evêque & Martyr en l'an 262, pour son fondateur.

La Cathédrale est sous l'invocation de *Saint-Privat*.

Feu GABRIEL-FLORENT DE CHOISEUL de Beaupré, Evêque de ce Diocèse, portoit pour Armes;

D'azur, à la croix d'or, cantonnée de vingt billettes de même.

L'écu sommé d'une couronne ducale, surmontée à dextre d'une mitre, à senestre d'une crosse, le tout d'or, couvert d'un chapeau à dix houpes de chaque côté de sinople.

M. de CHOISEUL étoit né en Juin 1685; eut l'Abbaye de Tironneau le 23 Décembre 1706, celle de Sainte-Colombe le 31 Mars 1714; fut nommé *Evêque de Saint-PAPOUL* au mois de Mai 1716, sacré le 17 Juillet 1718.

Il harangua le *ROI* à Versailles à la tête des Députés des ETATS DE LANGUEDOC le 17 Août 1722; assista le 25 du mois d'Octobre suivant au sacre de sa Majesté.

Fut transféré le 17 Octobre 1723 à l'Evêché de MENDE.

Se trouva à l'Assemblée générale du Clergé de France tenue à Paris en 1725, étant l'un des Députés de la Province d'Alby.

Ce Prélat, par un désintéressement qui a peu d'exemples, s'étoit démis depuis long-tems de ses deux Abbayes; ne quittoit point son Diocèse, où il s'occupoit sans cesse du salut des ames, employoit la plus grande partie de son revenu à faire des établissemens utiles & des fondations, à soulager les Pauvres par des fréqeentes aumônes.

M. de CHOISEUL, d'une Maison ancienne & illustre, évitoit les égards, les distinctions qui lui étoient dus; il se rendit recommandable par sa pieté, par ses vertus Chrétiennes & morales.

Il mourut étant Doyen des Evêques de France, le 7 Juillet de la présente année 1767, généralement regretté de tous ses Diocésains.

S. A. S. Mgr LE PRINCE DE CONTY,

COMTE D'ALAIS. Premiere place fixe.

De France, au bâton péri en bande de gueules, à la bordure de même.

L'écu accolé des ordres de S. Michel & du S. Esprit & sommé d'une couronne de Prince d'or.

TENANS, DEUX ANGES de Carnation, vêtus de robes blanches.

LOUIS-FRANÇOIS DE BOURBON, Prince du Sang de France, de CONTY & de la Roche-sur-Yon, Commandeur des Ordres, Pair & Grand-Prieur de France,

Duc de Mercœur en Gevaudan, Marquis de Pezenas & de Portes.

La Seigneurie d'*Alais* fut érigée en Comté (*a*) au mois d'Avril 1 45, & fut donné en partage à FRANÇOIS-LOUIS de Bourbon Prince de Conty, aïeul de S. A. S. Mgr le Prince de CONTY.

(*a*) Histoire générale de Languedoc, Tome IV, Page 250.

M. LE VICOMTE DE POLIGNAC.

Seconde place fixe.

Fascé d'argent & de gueules.
L'écu sommé d'une couronne ducale d'or.
SUPPORTS ; deux griffons d'argent.

LOUIS-HÉRACLE-MELCHIOR-ARMAND, *Vicomte de* POLIGNAC en Velay, Baron de Solignac, de la Voulte-sur-Loire & de Loude, Diocèse du Puy ; Seigneur de Saint-Paulien en Auvergne ; Gouverneur pour le Roi de la Ville du Puy & Commandant en la Province du Velay, né en Février 1717; Colonel du Régiment Royal-Dauphin Etranger Cavalerie en Février 1738.

» ARMAND VII, Vicomte de Polignac (*a*), mourut en » Avril 1421 après avoir disposé en en 1416 par son Testa» ment, de la Vicomté de Polignac en faveur d'*Armand de* » *MONTLAUR* (b), son petit-fils, au préjudice de la sub» stitution qu'ARMAND VI son frere avoit faite en 1381 » de la même Vicomté en faveur de *Pierre de CHALANCON* » leur neveu; ce qui causa un grand procès entre les » Maisons de *CHALANCON* & de *MONTLAUR*, touchant » la succession à la *Vicomté de POLIGNAC*.

» Ce procès fut commencé en 1421 & ne finit qu'en 1464 » par un Arrêt du Parlement de Paris qui adjugea cette » *Vicomté* avec ses dépendances, venant de la succession » d'ARMAND VI, Vicomte de *POLIGNAC*, à *Guillaume-* » *Armand de CHALANCON*, arriere-petit-fils de *Guil-* » *laume de CHALANÇON* & de *Valpurge de POLIGNAC*, à » condition de porter le nom & les armes de *POLIGNAC* (a); » c'est ainsi que la *Vicomté de POLIGNAC* passa dans la » Maison de Chalancon.

(*a*) Histoire générale de Languedoc, Tome V, Page 449.

(*b*) Dans les actes anciens, on trouve Montlaur; & actuellement on écrit Montlor.

(a) *La Maison de Chalancon portoit avant l'an 1464;*

Ecartelé d'or & de gueules, à huit fleurs de lys de même en orle, quatre de gueules sur or, quatre d'or sur gueules.

LE

LE BARON DE TOUR (a) DU *VIVARAIS*, *troisieme place fixe.*

Il y a douze BARONIES en Vivarais qui donnent entrée aux ETATS; *ANNONAY*, *AUBENAS*, *BOULOGNE*, *BRISON*, *CHALANCON & la TOURETTE* (b), *CRUSSOL*, *JOYEUSE*, *LA VOULTE*, *MONTLOR*, *SAINT-REMESE*, *TOURNON*, *VOGUÉ*.

(a) On nomme *Baron de tour*, celui qui entre aux ETATS chaque année, lorsque c'est son tour.

(b) *Chalancon & la Tourette*, ces deux lieux ne font qu'une baronie, c'est pourquoi on les a mis ensemble dans un cercle de la Roue du Vivarais, année 1769.

Les Possesseurs de ces BARONIES entrent aux ETATS de douze en douze ans, une fois pour chaque Baronie; de sorte que celui qui a plusieurs BARONIES entre autant de fois en douze ans qu'il a de BARONIES.

Le Possesseur de la Baronie de *CHALANCON* & de la *TOURETTE* entre aux ETATS deux fois en vingt quatre ans; c'est-à-dire que quand c'est son tour pour la demi-Baronie de *CHALANCON*, douze ans après, c'est son tour pour la demi-Baronie de *la TOURETTE*.

LE BARON DE TOUR DU *GÉVAUDAN*,
quatrieme place fixe.

Huit BARONIES en Gévaudan donnent entrée aux ETATS, *APCHIER*, *FLORAC*, *LE ROURE*, *LE TOURNEL*, *MERCŒUR*, *PEYRE*, *SAINT-ALBAN*, *SENARET*.

On entre de huit ans en huit ans pour chaque BARONIE, & le Possesseur de plusieurs BARONIES entre autant de fois en huit ans qu'il a de BARONIES.

OBSERVATION.

Les dix-neuf BARONS qui ſuivent entrent aux ETATS chaque année, & prennent leur place après les quatre places fixes, à meſure qu'ils arrivent dans l'Aſſemblée; on les a mis dans cet ARMORIAL par ordre alphabétique de leur BARONIE.

MA^lle DE BANNE, BARONE D'*AVÉJAN*.

Écartelé; aux premier & quatrieme quartiers, d'azur, à trois fleur-de-lys d'or, au chef retrait de même, qui est d'Estaing; aux deuxieme & troisieme, d'azur à trois flambeaux d'or, allumés de gueules, rangés en trois pals, qui est de Lafare: sur le tout, d'azur à la demi-ramure de cerf d'or posée en bande, qui est de Banne.

L'écu en losange, sommé d'une couronne de marquis.

SUPPORTS; deux cerfs au naturel, contournés & en repos.

CATHERINE-AUGUSTE DE BANNE, Marquise d'AVÉJAN.

Feu *Louis de BANNE*, Marquis d'Avéjan, Chevalier de

Saint-Louis, Capitaine-Lieutenant de la premiere Compagnie des Mousquetaires, Pere de Mlle de BANNE, acquit le 11 Septembre 1732 de *Marie-Josephe de Rebé*, Veuve de *Leonor Dumaine*, Marquis du Bourg, la Baronie d'*Arques*, Diocèse d'Alet, qui donnoit séance aux Etats; & il obtint du ROI au mois d'Octobre de la même année des Lettres-Patentes, par lesquelles Sa Majesté a uni & incorporé la *Terre & Seigneurie d'Avéjan la Terre & Baronie de Ferairols* Diocèse d'Uzès, pour le tout ne faire & composer à l'avenir qu'une seule & même Terre, sous la dénomination d'Avéjan & a ôté & séparé de la Terre & Seigneurie d'*Arques*, le titre de Baronie & celui de Baron & droit d'entrée aux ETATS pour le transférer à ladite Terre & Seigneurie d'Avéjan, avec droit d'entrer & prendre séance dans les Assemblées des ETATS.

M. LE BARON D'AMBRES.

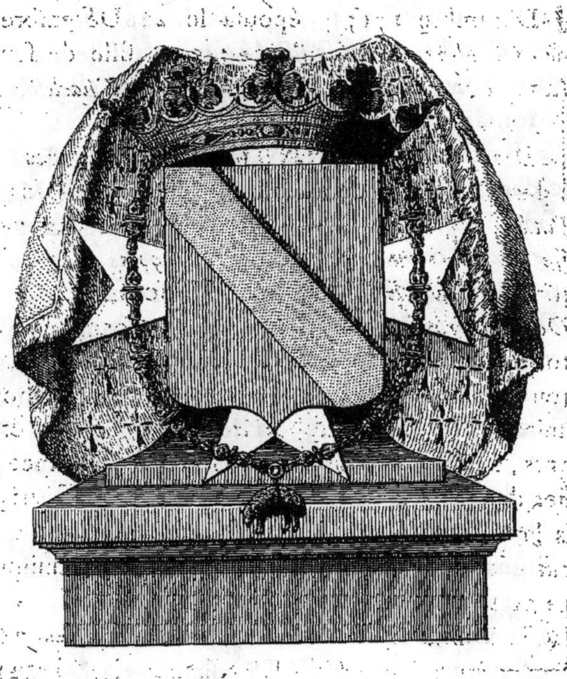

De gueules, à la bande d'or.

L'écu sommé d'une couronne ducale, accolé de l'ordre de la toison d'or; derriere une croix de Malte; le tout posé sur un manteau ducal.

PHILIPPE DE NOAILLES, Comte de Noailles, Duc de Mouchy, Prince de Poix, Marquis d'Arpajon, Grand-d'Espagne de la premiere Classe, Chevalier des Ordres du Roi & de la Toison d'or, Lieutenant-Général de ses Armées, Grand-Croix de l'Ordre de Malte, Gouverneur & Capitaine des Chasses des Ville, Châteaux & Parcs de VERSAILLES, MARLY & dépendances; né à Paris le 7 Décembre 1715; épousa le 26 Décembre 1741 *Anne-Claudine-Louise d'ARPAJON*, fille de feu *Louis d'ARPAJON*, Marquis d'Arpajon, & de *Charlotte LEBAS* de Montargis.

La Baronie d'*AMBRES*, Diocèse de Castres, est entrée dans la famille de *GELAS* 1588, par le Mariage de *Lysander de GELAS*, Marquis de Lebeton avec *Ambroise de VOISINS*, fille de *François de VOISINS*, Baron d'*AMBRES* & d'*Anne* d'AMBOISE *d'AUBIJOUX*.

Daniel-François de GELAS, Comte de Gelas, Baron d'*AMBRES* & des ETATS, Vicomte de LAUTREC, Baron de Saint-Gausens, Seigneur de Fiac, Giroussens, Damiatte, Brametourte, la Martinie, Serviès & autres Terres, Diocèse de Castres, Maréchal de France, Chevalier des Ordres du Roi, étant mort le 14 Février 1762 sans laisser de postérité, toutes ces Terres ont passé par héritage à Made la Comtesse de NOAILLES, unique héritiere de la Maison d'ARPAJON.

M. le Comte de NOAILLES, Baron d'Ambres, a été reçu en ladite qualité aux ETATS assemblés à MONTPELIER, le 27 Novembre 1766.

Il a été nommé *Chevalier des Ordres* le 2 Février 1767, & reçu le 7 Juin de la même année.

Nota. *Les Armes des BARONS ayant été gravées en 1766, on n'a pû mettre les colliers des Ordres à l'Ecu de M. le Baron d'AMBRES.*

M.

M. LE BARON D'*AUREVILLE*.

Ecartelé ; aux premier & quatrieme quartiers, fascé nébulé d'argent & de gueules ; qui est de Rochechouart ; aux deuxieme & troisieme d'azur à la croix d'or, qui est de Faudoas ;

L'écu sommé d'une couronne ducale d'or.

TENANS, DEUX SAUVAGES de carnation ceints de feuillages de sinople, ayant des feuillages de même sur la tête appuyés sur leur massue d'argent.

FRANÇOIS-CHARLES DE ROCHECHOUART, Comte de Faudoas, Baron d'Aureville, Colonel d'un Régiment d'Infanterie de son nom, né le 27 Août 1703 ; fut fait Brigadier des armées du Roi le 20 Février 1743; Maréchal-de-Camp le premier Mai 1745; Lieutenant-Général le 10 Mai 1748; nommé Ministre plénipotentiaire à Parme en Mai 1754; Gouverneur & Lieutenant Général de l'Orléanois en 1757; Chevalier des Ordres le 2 Février 1759.

Les Terres de Clermont & d'Aureville, Diocèse de Toulouse, sont entrées dans la Maison de Rochechouart, par le Mariage que *Jacques de* ROCHECHOUART, Baron de Faudoas, Chevalier de l'Ordre du Roi contracta au mois d'Août 1564 avec *Marie* ISALGUIER, fille & héritiere de *Bertrand* ISALGUIER, Baron de Clermont, Seineur d'Aureville & de *Jeanne de* SAINT-ETIENNE.

Le droit d'Entrée aux ETATS, qui étoit sur la Baronie de la Gardiole, a été transféré sur celle d'Aureville depuis quelques années.

M. LE BARON DE *BARJAC.*

Parti de deux traits, coupé d'un, ce qui forme ſix quartiers; au premier d'azur au chêne d'or à quatre branches entrelacées en cercles, qui eſt du Roure, au deuxieme d'or, au lion de vair couronné d'azur qui eſt de Montlaur; au troiſieme de gueules, au chef emmanché d'or de trois piéces qui eſt de Griſac dit *Grimoard;* au quatrieme d'or à deux léopards d'azur qui eſt de Maubec; au cinquieme d'argent à la tour de gueules ouverte & ajourée de ſable, qui eſt de Gévaudan ancien; au ſixieme & dernier quartier de ſable, au lion d'argent, à la bordure engrêlée de même qui eſt de Beauvoir.

L'écu ſommé d'une couronne de marquis.

TENANS, DEUX ANGES de carnation, leurs robes blanches.

DENIS-AUGUSTE DE BEAUVOIR, de Grimoard, de

Montlaur, Comte & Baron du Roure, Marquis de Grisac, Baron de *BARJAC* & de Florac, nommé *le Marquis du Roure*, né le 10 Novembre 1735, est Colonel-Lieutenant du Régiment Dauphin-Infanterie, Gouverneur pour le Roi des Ville & Citadelle du Saint-Esprit, Menin de Monseigneur le Dauphin.

La Baronie de *BARJAC* Diocèse d'Uzès est dans la Maison de Beauvoir de Grimoard du Roure depuis près de deux siécles.

M. LE BARON DE *BRAM*.

D'or, à la croix de gueules.
L'écu sommé d'une couronne de marquis.
TENANS, DEUX SAUVAGES de carnation, leurs ceintures en feuillages ainsi que les feuillages de leurs têtes, de sinople.

MARIE-PAUL-JACQUES DE LORDAT, Marquis de Lordat, Baron de Bram, né le 25 Mars 1758, fils de feu

JOSEPH-MARIE DE LORDAT, Comte de Lordat, né le 25 Mai 1725, Guidon de Gendarmerie le premier Décembre 1745, héritier de la Baronie de Bram, Diocèse de Saint-Papoul en 1752 par la mort de son oncle *Louis de* LORDAT, lequel avoit fait acquisition le 20 Septembre 1719 du droit d'entrée aux ETATS (qui étoit sur la terre de Clermont-Lodeve) de *Jeanne-Therese-Pelagie d'*ALBERT DE LUYNES, Veuve de *Louis de* GUILHEM DE CASTELNAU, Marquis de Saissac, Baron de Clermont-Lodeve & qu'il fit transférer sur sa Terre & Baronie de BRAM par Lettres-Patentes du mois d'Octobre de la même année; lesquelles furent enrégistrées au Parlement de Toulouse le 26 Mars 1721; au Sénéchal de Lauragais le 23 Avril suivant; & à la Chambre des Comptes de Montpellier le 24 Septembre 1722.

M. LE BARON DE *CAILUS*.

D'or, au lion de gueules, accompagné de seize étoiles de même rangées en orle. L'écu sommé d'une couronne de marquis.

TENANS, DEUX SAUVAGES de carnation, ceints de feuillages de sinople, ayant aussi des feullages de même autour de leurs têtes, & portant leurs massues sur leurs épaules.

JOSEPH-FRANÇOIS DE CAILUS, Marquis de *CAILUS*, Seigueur de Bonniolis & d'Aussatiere, né le 19 Décembre 1716; Officier dans le Régiment des Gardes-Françoises le 7 Avril 1746; Chevalier de Saint-Louis le 28 Avril 1747.

Etienne de CAILUS, Seigneur de Colombiere-la-Gaillarde, eut la Seigneurie de Rouairoux, mouvante du Comté de Castres, par l'alliance qu'il fit le 12 Novembre 1538 avec *Beatrix de* VERNON.

Feu *Jean de* CAILUS, Seigneur de Rouairoux & de Colombiere-la-Gaillarde, arriere-petit-fils d'*Etienne de* CAILUS, obtint l'érection de sa Terre de Rouairoux en Baronie, avec le droit d'entrée aux ETATS qui étoit sur la Terre de Vauvert, Diocèse de Nismes, & le fit transférer sur celle de Rouairoux, par Lettres-Patentes du mois de Janvier 1680, régistrées au Parlement de Toulouse & en la Chambre des Comptes de Montpellier les 24 Mai & 28 Novembre de la même année.

Le Marquis de CAILUS, obtint des Lettres-Patentes au mois d'Août 1749, pour le changement du nom de Rouairoux, en celui de Cailus.

M.

M. LE BARON DE *CALVISSON.*

Palé d'azur & de gueules, semé de roses d'or brochantes sur les pals; qui est de Louet; sur le tout d'argent, au noyer de sinople qui est de Nogaret.

L'écu sommé d'une couronne de marquis.

SUPPORTS; deux lions au naturel.

ANNE-JOSEPH LOUET de Nogaret de Murat, Marquis de Calvisson, ancien Officier dans le Régiment de Bigorre, né le 12 Août 1715.

Louis LOUET, Lieutenant du Sénéchal de Beaucaire, épousa vers l'an 1440 *Marguerite de MURAT*, fille de

Renaud, Vicomte de Murat & de *Blanche d'Apchier* Dame de Calvisson, d'Aiguesvives, de Mus, Vergese, Codognan, Langlade, Saint-Dionisy, Clarensac, Aujargues, Parignargues, &c. Ledit *Louis Louet* Seigneur de Calvisson se trouva aux ETATS tenus à Montpellier en 1471. *Hist. gén. de Languedoc, Tom. V, pag.* 42.

Jean Louet IV du nom, Baron de Calvisson, obtint l'érection de sa Baronie en Marquisat, par Lettres données à Paris au mois de Mai 1644. Ce Marquisat fut composé du Bourg de Calvisson & des Paroisses d'Aiguesvives, de Vergese, Codognan, Congeniès, Uchau, Mus, Langlade, Saint-Dionisy, Clarensac, Aujargues, Parignargues, Aubort & quelqu'autres lieux en dépendans dans le Diocèse de Nismes : ledit *Jean Louet*, Marquis de Calvisson, mourut au commencement de l'année 1667.

M. LE BARON DE *CASTELNAU-DE-BONNEFONS*.

Ecartelé, aux premier & quatrieme quartiers; parti, fascé d'or & de sinople; qui est de Crussol; & d'or, à trois chevrons de sable qui est de Levis; aux deuxieme & troisieme contr'écartelé d'azur à trois étoiles d'or en pal qui est de Gourdon & d'or à trois bandes de gueules qui est de Galiot; sur le tout, parti de gueules à trois bandes d'or, qui est d'Uzès, & d'argent à la fasce de gueules qui est de Sainte-Maure.

L'écu sommé d'une couronne ducale.

SUPPORTS; deux lions d'or.

CHARLES-MARIE-EMMANUEL DE CRUSSOL, Marquis de Crussol, Seigneur de Saint-Sulpice en Quercy, de Graulhet & de Crons, Diocèse de Castres, de Busque & de Puibegon, Diocèse d'Alby, ancien Officier dans la Gendarmerie; né le 2 Avril 1727.

La Baronie de *CASTELNAU-DE-BONNEFONS* Diocèse d'Alby, a appartenu autrefois à la Maison d'AMBOISE & est entrée dans celle de CRUSSOL par le mariage de *Louise d'AMBOISE* d'Aubijoux, Barone de Castelnau-de-Bonnefons avec J*acques-Christophe de CRUSSOL*, Marquis de Saint-Sulpice en 1637.

M. LE MARQUIS DE BERNIS,

Acquereur du droit d'entrée aux ETATS de la Baronie de Castelnau-de-Bonnefons.

Écartelé; au premier d'azur, à la bande d'or accompagnée en chef d'un lion de même; au deuxieme, parti, de gueules à trois bandes d'or & d'argent à trois roses de gueules en pal; au troisieme, d'azur à cinq fusées d'argent accolées en fasce; au quatrieme, d'azur, à dextre une tour d'or, à senestre un lion de même.

L'écu sommé d'une couronne de marquis.

Cimier, un lion tenant une épée d'argent.

Devise, un listel où sont ces mots: *Armé pour le Roi.*

SUPPORTS; deux lions au naturel tenans chacun une épée d'argent, les têtes contournées.

PHILIPPE-CHARLES-FRANÇOIS DE PIERRE de Blou,

Marquis de Pierre-Bernis, né le 12 Février 1714, (frere du Cardinal de ce nom, Commandeur de l'Ordre du Saint-Esprit, Ministre d'Etat, Archevêque d'Alby,) a achetté par acte privé du 18 Novembre 1765 entre le Procureur fondé du Marquis de Saint-Sulpice & lui, & par acte public du 4 Avril 1766 devant Maître Laideguive & son confrere Notaires au Châtelet de Paris, le droit d'entrée aux ETATS de la Baronie de CASTELNAU-DE-BONNEFONS qui sera transféré sur une autre Baronie.

M. LE BARON DE *CASTELNAU-D'ESTRETEFONS*.

Parti ; au premier de gueules, à deux bars ou barbeaux d'argent posés en fasces l'un sur l'autre, coupé d'azur, à deux pals d'argent chargés chacun de trois étoiles du champ ; au second d'azur, au chevron d'or, accompagné de trois roses d'argent.

L'écu sommé d'une couronne de marquis.

SUPPORTS ; deux lions au naturel, les têtes contournées.

ANTOINE DE BAR, Baron de *CASTELNAU-D'ESTRETEFONS* Diocèse de Toulouse, Seigneur de Montcalon, Malcourse, la Gazaille, & Langlade en Perigord, nommé le *Marquis de Castelnau*, fut admis à faire ses Preuves par délibération du 4 Décembre 1747, comme ayant ſuccedé à la Baronie de Caſtelnau-d'Eſtretefons & ſe trouva pour la premiere fois aux ETATS Aſſemblés à MONTPELLIER le Jeudi 21 Novembre 1748; il eſt fils de feu *Jean-Baptiſte de BAR*, Seigneur de Montcalou, Capitaine au Régiment de Ponthieu, marié le 15 Juillet 1692 avec *Catherine de VABRES*, fille unique de *JEAN*, Marquis de Vabres, Baron de Caſtelnau-d'Eſtretefons & de *Louiſe JUGEALS*.

M. LE BARON DE *CASTRIES*.

D'azur, à la croix d'or.

L'écu sommé d'une couronne ducale, & accolé des ordres du Roi, dix guidons derriere, cinq de chaque côté passés en sautoir, les premiers, quatriemes & cinquieme aux armes de France, les deuxiemes de gueules à trois flâmes d'or, les troisiemes d'argent pleins; tous les guidons à franges d'or.

Au bas de l'écu deux licornes en repos & adossées d'argent

CHARLES-EUGENE-GABRIEL DE LA CROIX, Marquis de *CASTRIES*, Seigneur de Puilaurens, de Lesignan en Languedoc & autres Terres, Gouverneur de Montpellier, de la Ville & Fort de Cette, Lieutenant-Général des armées du Roi, Meſtre-de-Camp-Général de la Cavalerie, Lieutenant-Général du Lyonnois, Forez & Beaujolois; né le 26 Février 1737; Chevalier des Ordres le 2 Février 1762.

Guillaume de la CROIX, Gouverneur de Montpellier en 1493, acquit le 19 Avril 1495 la Baronie de CASTRIES, de *Guillaume de* PIERRE, Seigneur de Ganges.

Jacques de la CROIX, Seigneur de CASTRIES (a), Chevalier de l'Ordre du Roi, Gouverneur de Montpellier & de Sommieres, ſe trouva aux ETATS tenus en la Ville du Saint Eſprit en 1565; l'ouverture de cette Aſſemblée ſe fit le Jeudi 18 Octobre; elle reçut parmi ſes Barons ledit JACQUES, Seigneur de Caſtries pour le Diocèſe de Montpellier, conformément aux Lettres de convocation que le ROI lui avoit adreſſées.

René-Gaſpard de la CROIX, Baron de CASTRIES & des ETATS, Seigneur de Galargues, Varambon, Gourdieges, Caſtelnau-les-Crez, Salezon, Eſpeix, Saint-Brés, Figaret, &c. Chevalier des Ordres du Roi, Lieutenant-Général de ſes Armées & au Gouvernement de la Province de Languedoc, Gouverneur des Ville & Citadelle de Montpellier, &c. obtint de *LOUIS XIV* en conſidération de ſes ſervices l'érection de ſa Baronie de CASTRIES en Marquiſat par Lettres-Patentes du mois de Mars 1645, qui furent enrégiſtrées au Parlement de Toulouſe le 15 Février de l'année ſuivante.

(a) Hiſtoire générale de Languedoc, Tome V, pages 269 & 276.

M. LE BARON DE *FLORENSAC.*

Ecartelé, aux premier & quatrieme quartiers, parti, fascé d'or & de sinople qui est de Crussol; & d'or, à trois chevrons de sable qui est de Levis; aux deuxieme & troisieme contr'écartelé d'azur, à trois étoiles d'or en pal, qui est de Gourdon, & d'or, à trois bandes de gueules, qui est de Galiot: sur le tout de gueules à trois bandes d'or, qui est d'Uzès.

L'écu sommé d'une couronne ducale.

SUPPORTS; deux lions d'or, le tout posé sur le manteau de duc, les replis chargé des mêmes armoiries.

FRANÇOIS-EMMANUEL DE CRUSSOL, Duc d'Uzès & de Crussol, Baron de *FLORENSAC*, Gouverneur de Saintonge & d'Angoumois, Mestre-de-Camp d'un Régiment de Cavalerie de son nom; né le premier Janvier 1728; Maréchal des Camps & Armées le 20 Février 1761; Duc d'Uzès premier Pair de France, après la mort de son pere en Février 1762; s'est trouvé la premiere fois aux ETATS assemblés à Montpellier le 19 Décembre 1765 en qualité de Baron de *FLORENSAC*.

Jeanne de LEVIS, Dame de *FLORENSAC* Diocèse d'Agde, fût Mariée le 22 Juillet 1452 avec *Louis de CRUSSOL*, Seigneur de Crussol & de Beaudisné, Grand Pannetier de France : elle appotta en dot à son Mari la Baronie de *FLORENSAC*.

M. LE BARON DE *GANGES*.

Ecartelé d'argent & de ſable.

L'écu ſommé d'une couronne de Marquis.

SUPPORTS ; deux lions au naturel, armés & lampaſſés de gueules ; les têtes contournées.

PHILIPPE-MAURICE-CHARLES DE VISSEC la Tude, Marquis de *GANGES*, Seigneur de Saint-Martial, de Soubeiras, de Caſillac & autres Terres ; né à Montpellier le 28 Octobre 1743.

Jeanne de SAINT-ETIENNE, Barone de *GANGES*

Diocèse de Montpellier, épousa le 18 Janvier 1629 *Jean-Pons de* VISSEC la Tude & apporta en dot cette Baronie à son mari.

Raimond de PIERRE *III* du nom Damoiseau étoit Seigneur de Ganges en 1293, 1310, 1340.

Ledit *Raimond de* PIERRE descendoit au septieme degré de *Pierre de* PIERRE, Seigneur de GANGES lequel vivoit au mois d'Octobre 1116, selon les Lettres d'érection de la Terre de SAINT-MARCEL D'ARDECHE en Marquisat sous le nom de PIERRE-BERNIS, datées du mois d'Avril 1751.

M. LE BARON DE *LANTA*.

Écartelé; aux premier & quatrieme quartiers d'argent, à un arbre de sinople sur une terrasse de même, deux lions de gueules affrontés appuyés sur l'arbre, qui est de Bessuejouls; aux deuxieme & troisieme d'azur, à trois roc-d'-échiquiers d'argent qui est de Roquelaure.

L'écu sommé d'une couronne de Marquis.

SUPPORTS; deux lions au naturel.

MATHIEU-IGNACE-ALEXANDRE-FELIX DE BESSUEJOULS de Rauquelaure, Baron de *LANTA* & d'Apchier, nommé *le Comte de RAUQUELAURE*, épousa le 30 Juin

1746 *Marie-Victoire-Jeanne-Mathiase de BARTHELEMY DE GRAMOND*, fille de *François* de *BARTHELEMY DE GRAMOND*, Baron de *LANTA*, Seigneur de Belleville, Saintefoy, Greffeille, Sainte-Apollonie, ancien Officier aux Gardes Françoises, Chevalier de Saint-Louis.

La Baronie de *LANTA* a appartenu autrefois à la Maison de HUNAUD, & plus anciennement aux Comtes de Toulouse.

Guillaume de HUNAUD (a), Seigneur & Baron de *LANTA*, acheta cette Terre de *RAIMOND*, Comte de Toulouse le 2 Février 1247.

(*a*) Dans l'Histoire générale de Languedoc, Tom. III, pag. 391, 393; Tom. IV, pag. 134, 135, 502, &c. on trouve des Barons de Lanta ou Lantar, du nom de Hunaud.

M.

M. LE BARON DE *MERINVILLE*.

Ecartelé; au premier quartier, d'azur à deux lions léopardés d'or, qui est de Merinville; au deuxieme, d'azur, à deux lions affrontés d'or, qui est de la Jugie; au troisieme, d'or, à une tige de trois lys de gueules, qui est de Moreze; au quatrieme, d'argent, à la bande d'azur, accompagnée de six roses de gueules en orle, qui est de Beaufort; sur le tout, d'argent à trois fasces de gueules, qui est Desmontiers.

Le cri de Guerre: *Dieu nous secoure.*

Devise: *Quod opto est immortale.*

L'écu sommé d'une couronne de marquis.

TENANS, DEUX ANGES de carnation, vêtus de robes blanches.

FRANÇOIS-ARMAND DESMONTIERS, Comte

de *MERINVILLE*, Seigneur de la Liviniere, de Ferrals & du Fiefmadame, Gouverneur de la Ville de Narbonne, Mestre-de-Camp d'un Régiment de Cavalerie & Sous-Lieutenant des Gendarmes de Bretagne.

La Baronie de RIEUX Diocèse de Narbonne, actuellement nommée *MERINVILLE* lui est venue par le mariage que *François DESMONTIERS*, Comte de Merinville & d'Azille, Vicomte de Minerve, &c. Conseiller du Roi en ses Conseils, Chevalier de ses Ordres, contracta le 11 Juin 1640 avec *Marguerite de la JUGIE*, fille unique & héritiere de *François de la JUGIE*, Comte de RIEUX, Baron de Ferrals & de la Liviniere, & de *Maguerite de NARBONNE* de Lomagne.

M. LE BARON DE *MIREPOIX*.

D'or, à trois chevrons de sable.

L'écu sommé d'une couronne ducale; derriere deux bâtons d'azur, semé de croisettes d'or.

SUPPORTS; deux lions au naturel, les têtes contournées.

LOUIS MARIE-FRANÇOIS-GASTON DE LEVIS, Comte de Leran, Colonel du Régiment de Beauce en 1745, de Royal-Marine en 1749, Brigadier des Armées du Roi le 23 Juillet 1756, Marquis de *MIREPOIX* & Baron des ETATS par la mort sans enfans du Maréchal Duc de Mirepoix son oncle en Septembre 1757.

La Seigneurie & Terre de *Mirepoix* (a) dans le Diocèse de ce nom, appartenoit à la Maison de *Levis* avant l'an 1226.

(a) Histoire générale de Languedoc, Tome III, page 369.

M. LE BARON DE *MURVIEL*.

D'azur, à la tour d'argent, ouverte, ajourée & maçonnée de sable, donjonnée de trois donjons de même.

L'écu sommé d'une couronne de marquis.

SUPPORTS, deux léopards d'argent, ayant chacun une couronne de marquis de même sur la tête.

HENRI-FRANÇOIS CARRION, Marquis de Nisas, Baron de *MURVIEL* & de Paulin, ancien Capitaine dans le Régiment d'Ancenis; né le 12 Février 1713; est entré pour la premiere fois aux ETATS assemblés à

Montpellier le Jeudi 28 Novembre 1754; il est fils de feu *Henri* CARRION, Marquis de Nisas, Colonel du Régiment de Thiérache, Gouverneur de la Ville d'Acqui, Lieutenant-Général des Armées du Roi, qui avoit épousé le 20 Avril 1712 *Anne-Gabriele de* MURVIEL, fille unique de JEAN-LOUIS, Baron de Murviel & des ETATS.

M. LE BARON DE *SAINT-FELIX.*

D'azur, au chef d'argent.
L'écu sommé d'une couronne de marquis.
SUPPORTS ; deux lions au naturel, les têtes contournées.

SCIPION-CHARLES-VICTOR-AUGUSTE DE LA GARDE, Marquis de Chambonas, Baron de *SAINT - FELIX* & des ETATS, né au Château de Chambonas le 15 Mai 1750, est fils de feu *Scipion-Louis-Joseph de la GARDE*, Marquis de Chambonas, Baron de Saint-Felix & de *Louise-Victoire de BEAUVOIR* de Grimoard du Roure.

Ledit *Scipion-Louis-Joseph* étoit fils de feu *Henri-Joseph de la* GARDE de Chambonas qui fit l'acquisition de la Baronie de Saint-Felix, Diocèse de Toulouse le 24 Septembre 1712.

M. LE BARON DE *TORNAC*.

Parti; de gueules, au chêne d'or à quatre branches paſſées en double cercle & ayant ſes racines, & de gueules au lion d'or, au chef échiqueté de trois tires d'argent & de ſable.

L'écu ſommé d'une couronne de comte.

SUPPORTS ; deux lions au naturel, les têtes contournées.

FRANÇOIS-DENIS-AUGUSTE DE BEAUVOIR de Beaumont, Comte & Baron de Briſon, Baron de *TORNAC* & de Largentiere, ancien Capitaine dans le Régiment de Saint-Simon Cavalerie, né le 29 Novembre 1723, eſt fils de feu *Joſeph de BEAUVOIR* de Beaumont, Comte de Briſon, Baron de Largentiere, qui épouſa le 28 Septembre 1721 *Marie-Fleurie de LAFARE* fille unique & héritiere de *DENIS-AUGUSTE*, Comte de Lafare, Baron de *TORNAC*, Commandeur de l'Ordre de Saint-Louis, Lieutenant de Roi des Ville d'Agde & Fort de Breſcou. Par ce mariage la Baronie de *TORNAC* Diocèſe d'Alais, (qui avoit été érigée en Baronie des ETATS par Lettres de *LOUIS XIV* du 8 Septembre 1694 en faveur de *Henri de LAFARE*, Marquis de Lafare, Pere de *Denis-Auguſte de LAFARE*) entra dans la branche de Beaumont Briſon de la Maiſon de Beauvoir Grimoard du Roure.

M. LE BARON DE *VILLENEUVE*.

D'or, au levrier rampant de gueules, à la bordure componnée d'argent & de ſable de ſeize compons.

L'écu ſommé d'une couronne de marquis.

SUPPORTS ; deux griffons d'or.

MARC-ANTOINE BRUNET de Pujols, de Caſtelpers, de Levis, Baron de *VILLENEUVE*, Seigneur de Montredon, épouſa le premier Août 1745 *Marie-Anne-Urſule FARJON*, fille de *Lambert FARJON*, Seigneur de la Lauze.

Son Aïeul *Louis-Joseph* BRUNET de Pujols, de Castelpers, Baron de *VILLENEUVE*, Seigneur de Montredon, épousa le 8 Juillet 1674 *Elisabeth de la CROIX* de Castries, fille de *René-Gaspard de la CROIX*, Marquis de Castries, Chevalier des Ordres du Roi, Lieutenant-Général de ses Armées & au Gouvernement de la Province de Languedoc, Gouverneur des Ville & Citadelle de Montpellier, & d'*Elisabeth de BONZI*, sœur de *Pierre de BONZI*, Cardinal, Archevêque & Primat de Narbonne.

Le Baron de *VILLENEUVE* quelques années après son mariage fut reçu Baron des ETATS, il étoit fils de

Louis BRUNET, Baron de Pujols, marié le 27 Octobre 1631 avec *Anne de CASTELPERS* de Panat, fille unique de *David de CASTELPERS* & de *Jeanne de CORNEILLAN*, Barone de *VILLENEUVE* Diocèse de Beziers.

ROUE DES DOUZE BARONIES
DE TOUR DU VIVARAIS

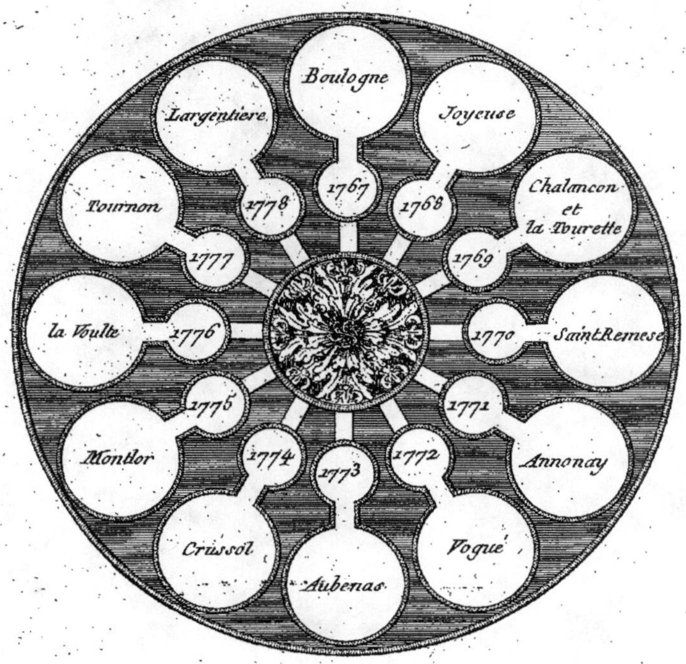

Cette ROUE fait connoître chaque année la BARONIE *de tour* depuis JOYEUSE (a) en l'année 1768 jusqu'à

(a) Joyeuse sera de tour aux Etats prochains.

LARGENTIERE en 1778; *BOULOGNE* reprendra son *tour* en 1779; *JOYEUSE* en 1780; *CHALANCON* en 1781; *LA TOURETTE* douze ans après; *SAINT-REMESE* en 1782, & ainsi de suite successivement.

Annonay 1771. *Lavoulte* 1776. *Tournon* 1777. } M. LE PRINCE DE SOUBISE.

Parti de trois traits, coupé d'un ce qui forme huit quartiers ; au premier de France, à la bande componée d'argent & de gueules qui est d'Evreux ; au second de gueules, aux chaînes d'or posées en croix, sautoir, double orle, au centre une émeraude, qui est de Navarre ; au troisieme d'or, à quatre pals de gueules, qui est d'arragon ; au quatrieme d'or, au lion de gueules enclos dans deux trêcheurs le plus petit fleuré intérieurement, l'autre extérieurement, qui est d'Ecosse ; au cinquieme d'hermine, qui est de Bretagne ; au sixieme d'argent à la bisse d'azur, issante de gueules, qui est de Milan ; au septieme d'argent à la fasce de gueules à la bordure de même, qui est de Saint-Severin ; au huitieme d'or, à la bande de gueules, chargée de trois allerions d'argent, qui est de Lorraine : sur le tout, parti, de gueules, à neuf macles d'or, qui est de Rohan, & d'hermine qui est de Bretagne.

L'écu sommé d'une couronne de Prince d'or : deux bâtons d'azur semés de fleurs de lys d'or passés en sautoir derriere, pour la dignité de maréchal de France.

SUPPORTS ; deux lions au naturel.

Le tout posé sur le manteau ducal.

CHARLES DE ROHAN, Duc de ROHAN-ROHAN, Prince de *SOUBISE*, Maréchal de France, Capitaine-Lieutenant des Gendarmes de la Garde, Baron d'*ANNONAY*, *LAVOULTE & TOURNON*, né le 16 Juillet 1715. Ces Baronies seront de *tour* en 1771, 1776, 1777, &c.

Hercule-Meriadec de ROHAN, Duc de ROHAN-ROHAN, Prince de *SOUBISE*, aïeul de M. le Prince de *SOUBISE*, épousa le 19 Février 1694 *Anne-Genevieve de LEVIS-VENTADOUR*, Dame & Barone de *TOURNON*, de *JOYEUSE*, d'*ANNONAY* & de *LAVOULTE* ; par ce mariage, ces quatre Baronies du Vivarais sont venues dans la Maison de ROHAN.

JOYEUSE 1768. Mme LA COMTESSE DE *MARSAN*

Parti; à la premiere division, parti de trois traits, coupé, d'un ce qui forme huit quartiers; au premier fascé de huit piéces d'argent & de gueules, qui est d'Hongrie; au deuxieme semé de France au lambel de gueules de cinq pendans, qui est de Naples; au troisieme d'argent, à la croix potencée d'or, cantonnées de quatre croisettes de même, qui est de Jérusalem; au quatrieme d'or, à quatre pals de gueules, qui est d'Arragon; au cinquieme de France à la bordure de gueules, qui est d'Anjou; au sixieme d'azur au lion contourné d'or, armé, lampassé & couronné de gueules, qui est de Gueldres; au septieme d'or au lion de sable armé & lampassé de gueules, qui est de Juliers; au huitieme d'azur, semé de croix recroisettées au pied fiché d'or, à deux bars adossés de même brochans sur le semé, qui est de Bar; sur le tout, d'*or* à la bande de gueules chargée de trois allerions d'argent; au lambel de gueules brochant sur les quatre quartiers supérieurs & une

R

bordure de même chargée de huit besans d'or sur les huit quartiers, qui est de Lorraine-Pons. À la deuxieme division, de gueules, à neuf macles d'or, qui est de Rohan.

L'écu sommé d'une couronne de Prince & accolé d'une cordeliere.

MARIE-LOUISE DE ROHAN-SOUBISE, née le 7 Janvier 1720, épousa le 15 Juin 1736 *Gaston-Jean-Baptiste-Charles de LORRAINE*, Comte de *MARSAN*, fils de *Louis-Charles de LORRAINE*, Prince de *PONS*, Comte de *MARSAN*, Chevalier des Ordres du Roi, & d'*Elisabeth de ROQUELAURE*.

Madame la Comtesse de MARSAN, Gouvernante des ENFANS DE FRANCE, est sœur du Prince de *SOUBISE*, & devint veuve sans postérité au mois de Mai 1743.

Madame de MARSAN a eu en partage entr'autres biens, la Baronie de *JOYEUSE*. Cette Baronie sera de *tour* aux ETATS prochains.

Vogué 1772.
Aubenas 1733.
Montlor 1775.

M. LE MARQUIS DE *VOGUÉ*

D'azur, au coq d'or, le bec ouvert, barbé & crêté de gueules.
L'écu sommé d'une couronne de marquis.
Cri de guerre : *Fortitudine & vigilantia.*
Supports ; deux lions au naturel, les têtes contournées.
Devise : *Sola vel voce leones terreo.*

Charles-François-Elzear de VOGUÉ, Baron de *Vogué*, de *Montlor* & d'*Aubenas*, Seigneur de Balazuc, de Saint-Agreve & de Truchet, nommé *le Marquis de Vogué*, né le 14 Juillet 1713, Capitaine de de Dragons dans le Régiment d'Armenonville le 16 Novembre 1730 ; Mestre-de-Camp du Régiment de Cavalerie d'Anjou le 13 Mars 1736 ; Chevalier de Saint-Louis en 1744 ; Brigadier des Armées du Roi le premier Mai 1745 ; Maréchal-Général des Logis de la Cavalerie en Italie dans l'Armée commandée par le Maréchal de *MAILLEBOIS* & ensuite par le Maréchal de *BELLEISLE* pendant les Campagnes de 1745 & 1746 ; Maréchal de Camp le premier Janvier 1748 ; Inspecteur-Général de Cavalerie & Dragons en Mars 1758 ; Lieutenant Général des Armées le 28 Décembre de la même année ; commandant l'Armée du Roi sur le Bas-Rhin pendant l'hiver de 1761 à 1762 ; Maréchal-Général des Logis des Armées en Allemagne pendant la campagne de 1762 ; Gouverneur de Montmidy au mois de Février 1763 ; Commandant en Chef dans la Province d'Alsace en l'absence & sous l'autorité de M. le Maréchal de *CONTADE* en Janvier 1764.

Melchior de VOGUÉ, Seigneur de Vogué & de Rochecolombe, acquit le 17 Juin 1700 la *Baronie de MONTLOR* du Prince de HARCOURT de la Maison de LORRAINE.

Cerice-François de VOGUÉ, fils dudit *Melchior*, obtint que le titre de *Baronie* du Vivarais qui étoit auparavant sur la Terre de Saint *REMESY* fut transferé sur celle de *VOGUÉ* par Lettres-Patentes du mois d'Octobre 1713. Il vendit les Terres de la succession de *Gabriele de MOTIER*, Dame de Champetieres sa Mere, qui étoient en Auvergne & acheta en Avril 1716 la Ville d'*AUBENAS* en Vivarais, sur laquelle il fit transférer en Novembre 1724 l'*entrée* aux ETATS de la Baronie du *CHEILAR* qu'il avoit acquis de *René de SASSENAGE*, Comte de Brion.

Ainsi le Marquis de *VOGUÉ* est possesseur des trois Baronies de *VOGUÉ*, *AUBENAS* & *MONTLOR* qui seront de *tour* en 1772, 1773, 1775, &c.

LARGENTIÈRE 1778. M. LE COMTE DE *BRISON*

Parti; de gueules au chêne d'or, à quatre branches paſſées en double cercle, & ayant ſes racines & de gueules au lion d'or; au chef échiqueté de trois tires d'argent & de ſable.

L'écu ſommé d'une couronne de comte.

SUPPORTS : deux lions au naturel, les têtes contournées.

FRANÇOIS-DENIS-AUGUSTE DE BEAUVOIR de Beaumont, Comte de Briſon, Baron de Tornac & de *LARGENTIERE*, ancien Capitaine dans le Régiment de Saint-Simon Cavalerie; né le 29 Novembre 1723.

François de BEAVOIR du Roure de Beaumont, Comte de *BRISON*, aïeul du Comte de Briſon, achetta vèrs l'an 1730 la Baronie de *LARGENTIERE* de *François - Renaud* de *VILLENEUVE*, Evêque de Viviers.

Il mourut le 11 Octobre 1734.

La Baronie de *LARGENTIERE* ſera de *tour* en 1778.

BOULOGNE 1779. M. LE COMTE DE LA *TOUR-MAUBOURG*

De gueules, à la bande d'or, chargée d'une fouine d'azur.
L'écu sommé d'une couronne de marquis.
SUPPORTS ; deux lions au naturel, les têtes contournées.

CLAUDE-FLORIMOND DE FAY, Seigneur de Coiffe, Comte de la Tour-Maubourg, héritier en 1760 de feu *Charles-César de FAY* Marquis de *GERLANDE*, Seigneur de Lestrange, du Monchat, de Bourlatier &c. Lequel fit un testament le 20 Juillet 1760 & mourut sans postérité le 30 Mars 1763.

La Baronie de *BOULOGNE* en Vivarais est venue dans la branche de *Fay* Gerlande en 1692 par le mariage de *Just-François de FAY* avec *Bibiane de SENNETERE*, Pere & mere de feu le Marquis de *GERLANDE*.

La Baronie de *BOULOGNE* sera de *tour* en 1779.

Crussol 1774. M. LE DUC D'*UZÈS*.

Ecartelé; aux premier & quatrieme quartiers; parti, fascé d'or & de finople; qui est de Crussol, & d'or à trois chevrons de sable, qui est de Levis; aux deuxieme & troisieme contr'écartelé d'azur, à trois étoiles d'or en pal, qui est de Gourdon, & d'or à trois bandes de gueules, qui est de Galiot. *Sur-le-tout* de gueules à trois bandes d'or, qui est d'Uzès.

L'écu sommé d'une couronne ducale.

Supports; deux lions d'or, le tout posé sur le manteau de duc, les replis chargés des mêmes armoiries.

François-Emmanuel de CRUSSOL, Duc d'*Uzès* & de *Crussol*, premier Pair de France, Gouverneur de Saintonge & d'Angoumois, Maréchal des Camps & Armées du roi.

La Maiſon de *Crussol d'Uzès* poſſede depuis plus de cinq ſiécles la Seigneurie de Cruſſol.

Louis de Crussol (a), Chevalier, Seigneur de Cruſſol & de Beaudiſner, Grand Panetier de France, ſe trouva aux ETATS aſſemblés à Montpellier le 20 Août 1445.

Jacques de Crussol (*b*), Sire & Baron de Cruſſol, Seigneur de Beaudiſner, de Florenſac & d'Aymargues, Grand Panetier de France, Sénéchal de Beaucaire, (fils de *Louis de Crussol*, Chevalier,) ſe trouva aux ETATS aſſemblés à Montpellier le 17 Janvier 1510 en qualité de l'un des Barons; il fut député pour porter le Cahier des Doléances au ROI.

La Baronie de *Crussol* ſera de *tour* en 1774.

(*a*) Hiſtoire générale de Languedoc, Tome V, page 6.
(*b*) *Idem*, page 105.

LA TOURETTE 1769. }
CHALANCON 1781. } M. LE MARQUIS DE LA *TOURETTE*

Ecartelé; aux premier & quatrieme quartiers, de gueules au lion d'argent, armé & lampassé de sable, qui est de la Rivoire ; aux deuxieme & troisieme d'or, au lion de gueules, qui est de Ginestous.

L'écu sommé d'une couronne de marquis.

SUPPORTS ; deux lions au naturel, les têtes contournées.

FRANÇOIS-ANTOINE-ALPHONSE DE LA RIVOIRE, Marquis de la Tourette, Baron de *CHALANCON* & de la *TOURETTE*, né en Mars 1727, Baron des ETATS en Octobre 1756.

Feu *Antoinette-Angelique de* G*INESTOUS* donna la Baronie de C*HALANCON à Juſt-Antoine de la* R*IVOIRE*, Marquis de la T*OURETTE* ſon fils ; & il fut reçu en qualité de Baron des ETATS pour cette Baronie par déliberation du 28 Février 1706.

Le Marquis de la T*OURETTE* obtint des Lettres de tranſlation du titre de la Baronie de P*RIVAS* ſur la Terre de la T*OURETTE* au mois de Septembre 1735. Ces Lettres ſont tout au long dans le *Nobiliaire hiſtorique de Languedoc* à l'article de la Généalogie de ſa Maiſon.

Le droit d'entrer aux ETATS de la Baronie de C*HALANCON* ayant été porté ſur celle de la T*OURETTE* ; ces deux Baronies n'en font qu'*une* pour le droit d'entrée, & entrent alternativement de douze ans en douze ans.

La T*OURETTE* ſera de *tour* en 1769.

C*HALANCON* en 1781.

SAINT-REMESE 1770. M. LE MARQUIS DE *ROCHEMORE.*

D'azur, à trois roc d'échiquiers d'argent.
L'écu sommé d'une couronne de marquis.
SUPPORTS, deux lions d'argent, les têtes contournées.

ANNE-JOACHIM-ANIBAL DE ROCHEMORE de Grille, Comte de Saint-Remese, Seigneur de Chames, Ramieres, la Bastide-de-Baladun, Bidon, &c. ancien Capitaine de Dragons dans le Régiment de Septimanie, né le 6 Septembre 1725.

Le droit d'entrée aux ETATS étoit ſur la Terre d'APS en Vivarais qui appartient au Vicomte de *BEAUNE*, & a été transferé ſur celle de *SAINT-REMESE* au commencement de ce ſiécle.

La Baronie de *SAINT-REMESE* ſera de *tour* en 1770.

Roue des 8 Baronies de Tour du Gevaudan

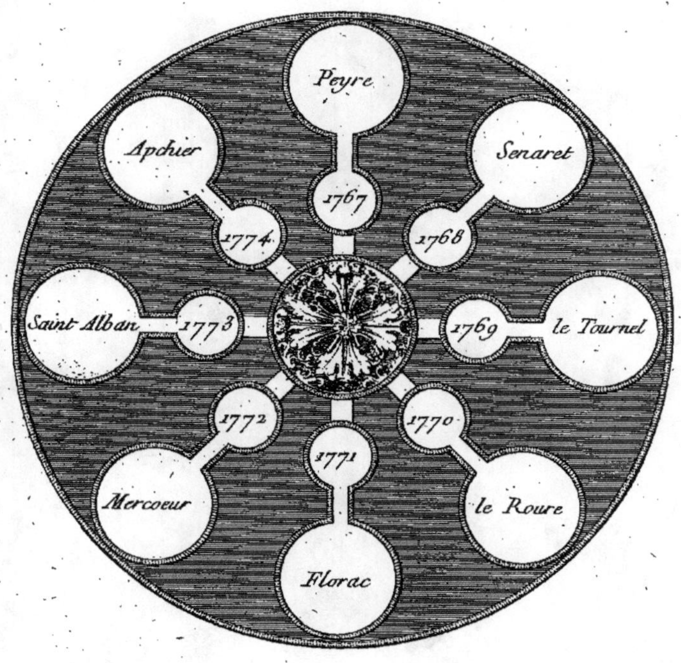

Cette ROUE fait connoître chaque année la BARONIE de *tour* depuis *SENARET* en 1768 jusqu'à *APCHIER* en 1774.

Peyre reprendra son *tour* en 1775; *Senaret* en 1776; le *Tournel* en 1777 : les autres Baronies de suite, l'une après l'autre, d'année en année.

APCHIER 1774. M. LE COMTE DE *ROQUELAURE*

Ecartelé; aux premier & quatrieme quartiers d'argent, à un arbre de sinople sur une terrasse de même ainsi que deux lions de gueules, affrontés & appuyés sur l'arbre, qui est de Bussuejouls; aux deuxieme & troisieme d'azur, à trois roc-d'-échiquiers d'argent, qui est de Roquelaure.

L'écu sommé d'une couronne de marquis.

SUPPORTS; deux lions au naturel.

MATHIEU-IGNACE-ALEXANDRE-FELIX DE BESSUEJOULS de *ROQUELAURE*, Baron de Lanta & d'*APCHIER*, Seigneur de Ceyrac, Gabriac, Lassous, Tholet, &c. nommé *le Comte de ROQUELAURE*, né en 1719.

Feu *Emmanuel de* ***BESSUEJOULS*** de Roquelaure, Seigneur de Ceyrac, Gabriac, Lassous, Montchassous, Bacon, Tholet, &c. ancien Guidon de Gens-d'-armes de LA REINE, Chevalier de Saint-Louis, Pere du Comte de ***ROQUELAURE***, fit en 1712 l'acquisition de la Terre & Baronie d'***APCHIER***. Il mourut au mois d'Avril 1755.

La Baronie d'***APCHIER*** sera de *tour* en 1774.

Le Tournel 1769. }
Saint-Alban 1773. } M. LE MARQUIS DE *MORANGIÈS*

D'azur, au cor de chasse d'argent, lié de gueules; accompagné de trois molettes d'éperons d'or.

L'écu sommé d'une couronne de marquis.

SUPPORTS; deux lions d'argent, les têtes contournées.

PIERRE-CHARLES DE MOLETTE, Marquis de Morangiès & de *SAINT-ALBAN*, Baron de la Garde-Guerin, Seigneur de Villefort, de Puilaurent, du Bois-du-Mont, de la Baume, Co-Seigneur de Severette, &c. Lieutenant-Général des Armées du Roi, ancien Capitaine-

Soulieutenant des Gendarmes de la Garde, épousa le 31 Décembre 1726 *Louise-Claudine de CHATEAUNEUF DE RANDON*, unique héritiere de sa Branche, fille de *Jacques-Timoleon de CHATEUNEUF DE RANDON*, Comte de Saint-Remese, Baron du Tournel & des ETATS, & de *Jeanne-Rose* de Rousseau de Lanvaux.

Il fut reçu aux ETATS Généraux de la Province en qualité de Baron du *TOURNEL* le 4 Septembre 1734.

Acquit le 27 Août 1741 la Baronie de Canillac autre Terre en Gévaudan qui donnoit entrée aux ETATS & obtint en Mars 1746 la translation du titre de *Baronie de Canillac* sur la Terre de *SAINT-ALBAN*.

Jean-François-Charles de MOLETTE, Comte de Morangiès, Colonel du Régiment de Languedoc Infanterie, (fils du Marquis de Morangiès,) se trouva aux ETATS Assemblés à Montpellieri le 29 Novembre 1764 en qualité de Baron de *SAINT-ALBAN*.

La Baronie du *TOURNEL* sera de *tour* en 1769.

Celle de *SAINT-ALBAN* en 1773.

Le Roure 1770.
Florac 1771. } M. LE COMTE DU *ROURE*

Parti, de deux traits coupé d'un, ce qui forme six quartiers, au premier d'azur au chêne d'or à quatre branches entrelacées en cercles, qui est du Roure; au deuxieme d'or, au lion de vair couronné d'azur, qui est de Montlaur; au troisieme de gueules, au chef emmanché d'or de trois piéces, qui est de Grisac dit *Grimoard*; au quatrieme d'or, à deux léopards d'azur, qui est de Maubec; au cinquieme d'argent à la tour de gueules, qui est de Gevaudan ancien; au sixieme & dernier quartier, de sable au lion d'argent, à la bordure engrêlée de même, qui est de Beauvoir.

L'écu sommé d'une couronne de marquis.

TENANS; DEUX ANGES de carnation, leurs robes blanches.

DENIS-AUGUSTE DE BEAUVOIR de Grimoard

Marquis de Grisac, Comte du Roure, Baron de Florac, Colonel-Lieutenant du Régiment Dauphin Infanterie, Gouverneur pour le Roi des Ville & Citadelle du Saint-Esprit.

La Baronie du *Roure*, qui est depuis plus de cinq siécles dans la Maison de Beauvoir, n'est BARONIE des ETATS que du commencement de ce siécle; elle sera de *tour* en 1770.

CELLE de *FLORAC* est Baronie des ETATS depuis environ deux siécles. Son *tour* viendra en 1771.

MERCŒUR 1772. Mgr LE PRINCE DE *CONTY*.

De France, au bâton péri en bande de gueules, à la bordure de même.
L'écu sommé d'une couronne de Prince & accolé des ordres du Roi.
TENANS; DEUX ANGES de carnation, vêtus de robes blanches.

LOUIS-FRANÇOIS DE BOURBON, Prince du Sang de France, de *CONTY* & de la Roche-sur-Yon, Commandeur des Ordres, Pair & Grand-Prieur de France, Duc de Mercœur, Marquis de Pezenas & de Portes.

La Baronie de *MERCŒUR* fut érigée en Duché Pairie au mois de Décembre en 1569 en faveur de *Nicolas de*

Lorraine & de ses successeurs mâles & femelles.

Philippe-Emmanuel de Lorraine, Duc de Mercœur, fils aîné du second lit de *Nicolas de Lorraine*, n'eut qu'une fille

Françoise de Lorraine, Duchesse de Mercœur ; Elle fut mariée avec *César* Duc de *Vendôme* ; leur Petit-fils

Louis-Joseph Duc de *Vendôme*, dernier Duc de Mercœur, mourut sans Enfans en 1712.

Feu Mgr le Prince de *Conty* acquit alors le Duché de *Mercœur*.

La Baronie de *Mercœur* sera de *tour* en 1772.

Peyre

PEYRE 1775. M. LE COMTE DE *PEYRE*

Ecartelé ; aux premier & quatrieme quartiers ; d'or, à une hure de ſanglier de ſable accompagnée de cinq mures de gueules, une en chef, deux aux flancs, deux en pointe, qui eſt de Moret ; aux deuxieme & troiſieme, d'argent, à l'aigle de ſable ; qui eſt de Peyre.

SUPPORTS ; deux lions au naturel, les têtes contournées.

JEAN-HENRY DE MORET de Grolée, Comte de Pagas, Baron de *PEYRE*, Grand-Bailly du Gévaudan, Gouverneur du Bourbonnois & des Ville de Moulins & de Bourbon-l'Archambaud, nommé *le Comte* de *PEYRE*, né le 6 Septembre 1737, est entré pour la premiere fois aux ETATS en Janvier 1759 ; il est fils de feu

Eynard-Henry de MORET, Comte de Peyre, Baron de Pagas, lequel hérita en 1720 des biens de la Maison de Peyre & celle de Grolée-Virville par le testament daté du 8 Avril 1718 de César de Grolée-Virville, Comte & Baron de Peyre, Baron de *tour* du Gévaudan & des ETATS, Seigneur de Marchastel, Buzet & Montbreton, Chambellan de S. A. R. *Gaston de FRANCE* ; Lieutenant-Général de la Province de Languedoc, son grand oncle maternel.

La Baronie de *PEYRE* sera de tour en 1775.

SENARET 1768. M. LE COMTE DE *BALINCOURT*

Ecartelé ; aux premier & quatrieme quartiers, d'or, à trois lions léopardés de ſable, l'un ſur l'autre, celui du milieu contrepaſſant, qui eſt de Teſtu; aux deuxieme & troiſieme d'azur, au belier paſſant d'argent, clariné d'or, qui eſt de Senaret.

TENANTS ; DEUX SIRENES de carnation, la partie inférieure d'argent & flottantes ſur des ondes de même ayant chacune un miroir en main.

L'écu ſommé d'une couronne de marquis.

CHARLES LOUIS TESTU DE BALINCOURT, Comte de Balincourt & de Saint-Poin, Brigadier des Armées du Roi; né en Novembre 1728, (neveu du Maréchal de Balincourt, Chevalier des Ordres du Roi,) épouſa le

3 Octobre 1752 *Anne-Claudine de* ROCHEFORT D'ALLY, fille unique de *Claude-Gabriel-Armedée de* ROCHEFORT D'ALLY, Comte de Saint-Poin, Baron de SENARET & des ETATS de Languedoc, Baron de Saint-Vidal & des Etats particuliers du pays de Velay, baptisé le 25 Mars 1691, Capitaine de Cavalerie au Régiment de la Rochefoucaud & d'*Anne-Felicité* ALLEMAN DE MONTMARTIN.

La Baronie de SENARET est entrée dans la Maison de ROCHEFORT D'ALLY en 1582 par le mariage de *Claire* de Latour, fille d'*Antoine* de Latour, Baron de SENARET, & de *Claire* de Saint-Poin.

Cette BARONIE sera de *tour* aux ETATS prochains, pour l'année 1768.

TOULOUSE, *premiere Ville.*

De gueules, à la croix vuidée, clechée, pommetée & aleſée d'or, ſoutenue d'une vergette d'argent; un agneau de même en pointe brochant ſur la vergette, la tête contournée, en chef deux tours d'argent, celle à dextre donjonnée de trois donjons; celle à ſeneſtre eſt auſſi donjonnée de trois donjons, mais ils ſe terminent en clochers; au chef couſu d'azur ſemé de fleurs de lys d'or.

Deux palmes de ſinople liées de gueules accompagnent l'écu.

TOULOUSE, Capitale de la Province de LANGUEDOC, eſt la premiere qui a ſéance aux ETATS: elle députe tous les ans deux CAPITOULS, dont l'un eſt Avocat, ils ſont les premiers opinants du Tiers-Etat & n'ont qu'une voix délibérative ; le Capitoul de robe porte ordinairement la parole. Ces Capitouls entrent chaque année au Bureau des Comptes des ETATS.

Onze Lieux du Diocèse de TOULOUSE députent *tour* à *tour* une fois en onze années,

VILLEFRANCHE DE LAURAGUAIS.

SAINT-JULLIA.

SAINT-FELIX * .... 1768.

SAINT-SULPICE .... 1769.

MONTGISCARD .... 1770.

AURIAC .... 1771.

HAUTERIVE .... 1772.

MONTESQUIEU .... 1773.

VERFEUIL .... 1774.

BUZET .... 1775.

MIREMONT .... 1776.

Chaque année LE DÉPUTÉ de *tour* de ces Lieux & LE SYNDIC DU DIOCÈSE viennent aux ETATS comme *Diocésains*, & n'ont qu'une voix.

OBSERVATIONS.

* SAINT-FELIX sera de *tour* aux ETATS prochains, parce que les ETATS pour les impositions de l'année 1768, commenceront à la fin de cette année 1767 à moins que quelques raisons obligent de les différer jusqu'au commencement de l'année suivante. Voyez ce qui s'observe aux ETATS tenus ordinairement à Montpellier, à l'article de *Montpellier*.

VILLEFRANCHE DE LAURAGUAIS prendra son *tour* en 1777 ; SAINT-JULLIA en 1778 ; SAINT-FELIX en 1779, & ainsi des autres lieux. A tous les autres diocèses les lieux non chiffrés reprendront leur *tour* successivement, de sorte que l'on peut voir à perpétuité le *tour* de chaque lieu dans cet ARMORIAL.

Armes des Villes, *ou Lieux qui députent.*

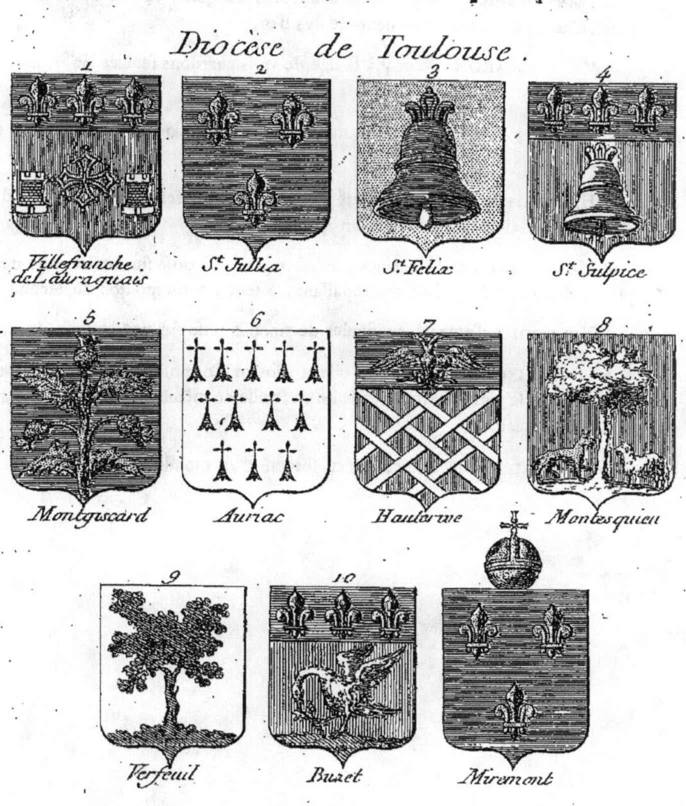

1 Villefranche-de-Lauraguais ; de gueules, à la croix de Toulouse d'or, accôtée de deux tours d'argent, au chef cousu d'azur, chargé de trois fleurs-de-lys du second émail.

2 Saint-Jullia ; de France.

3 Saint-Felix ; d'or, à la cloche d'azur, bataillée d'argent.

4 SAINT-SULPICE ; de gueules, à la cloche d'argent bataillée de ſable, au chef couſu d'azur, chargé de trois fleur-de-lys d'or.

5 MONTGISCARD : d'azur, à la tige de trois chardons feuillée de quatre feuilles d'or.

6 AURIAC ; d'argent, à douze mouchetures d'hermine de ſable, cinq, quatre & trois.

7 HAUTERIVE ; de gueules fretté d'argent de ſix piéces, au chef couſu d'azur, chargé d'une aigle à deux têtes au vol abaiſſé d'or.

8 MONTESQUIEU ; de gueulés, à l'arbre d'argent poſé ſur une terraſſe de ſinople, à dextre un loup d'or contrepaſſant, à ſeneſtre un mouton du ſecond émail.

9 VERFEUIL ; d'argent, au figuier de ſinople poſé ſur une terraſſe de même.

10 BUZET ; de gueules, à un oiſeau eſſorant d'or poſé ſur une terraſſe de ſinople tenant de ſa patte dextre une plante ou feuille de même & la becquetant, au chef couſu de France.

11 MIREMONT ; de France, l'écu ſommé d'un monde d'or.

Nota. La Ville de TOULOUSE qui précéde & les autres VILLES *chefs des Diocèſes* qui ſuivent, ſont placées dans l'ordre & le rang qu'elles tiennent aux ETATS.

MONT-

MONTPELLIER, *deuxieme Ville.*

D'azur ; au trône antique d'or, une Nôtre-Dame de carnation assise sur le trône habillée de gueules, ayant un manteau du champ de l'écu, tenant l'enfant Jesus aussi de carnation ; en chef un *A* & une *M* gothiques d'argent, qui signifie *ave Maria*, en pointe un écusson, aussi d'argent, chargé d'un tourteau de gueules.

Ce tourteau de gueules en champ d'argent, est l'écu des armes des anciens seigneurs de MONTPELLIER nommés *GUILLAUME*.

L'écu des armoiries de la ville de MONTPELLIER est accollé de deux palmes de sinople liées par leurs tiges d'un lien d'azur.

ETATS.

Les Assemblées des ETATS de la Province se tiennent à MONTPELLIER ; l'ouverture s'en fait à la fin d'Octobre ou de Novembre ; quelquefois pour des raisons particuliers, ces Assemblées ne commencent qu'en Décembre ou Janvier suivant.

Un mois après l'Assemblée des ETATS, on tient dans chaque Diocèse une assemblée composée de divers Députés des trois Ordres pour faire la répartition des sommes données par la Province suivant la quotité qui la regarde & qui se rapporte à un tarif général. Ces assemblemblées diocèsaines sont nommées *ASSIETTES* * excepté celles des Diocèses DU PUY, D'ALBY, DE MENDE, & DU PAYS DE VIVARAIS, qui ont le nom d'*ETATS-PARTICULIERS*.

La Ville de MONTPELLIER députe aux ETATS de la Province, son *Maire* & un autre député qui est un *Exconsul*.

Sept Villes du DIOCÈSE entrent aussi aux ETATS par *tour* chaque année.

FRONTIGNAN.
LUNEL.
POUSSAN .... 1768.
GANGES .... 1769.
ANIANE .... 1770.
LES MATELES .... 1771.
MELGUEL, ou MAUGUIO .... 1772.

Le PREMIER CONSUL de ces Lieux est reçu aux ETATS comme *Diocèsain*.

* Assiette est un mot ancien, formé du Verbe *asseoir*, imposer des sommes.

ARMES de ces Villes.

1 FRONTIGNAN ; de gueules, à la tour donjonnée de trois donjons d'argent.

2 LUNEL ; d'azur, au croissant d'argent, accompagné en chef d'une étoile d'or.

3 POUSSAN ; de sable, au porc d'argent, passant sur une terrasse de sinople.

4 GANGES ; écartelé d'argent & de sable.

5 ANIANE ; d'azur, à une crosse d'or issante d'une riviere d'argent.

6 LES MATELES ; d'or, à une *M* gothique de gueules, au chef de même chargé de trois croisettes d'argent.

7 MELGUEL ; ou MAUGUIO ; de gueules à la croix d'or, cantonnée de douze besans de même trois à chaque canton.

CARCASSONNE, *troisieme Ville.*

De gueules, à l'agneau pascal d'argent, la tête contournée, à la bordure cousue d'azur semée de fleur-de-lys d'or.

L'écu accolé de deux palmes de sinople, liées d'azur, par leurs tiges.

Cette Ville envoie chaque année aux ETATS *deux Députés.*

Trois Lieux du Diocèse envoient par *tour* un *Député.*

MONTOLIEU.
MONTREAL.
LA GRASSE...1768.

ARMES de ces Lieux.

1 MONTOLIEU; parti, au premier de France, au deuxieme de gueules, à la crosse abbatiale d'or, un arbre d'argent mouvant de la pointe de l'écu brochant sur le parti.

2 MONTREAL; de gueules, à une couronne de France, & un oignon à six feuilles, le tout d'or.

3 LA GRASSE; d'azur, au pont d'une arche, chargé de trois tours, celle du milieu plus haute, en pointe une riviere, le tout d'argent.

NISMES, *quatrieme Ville.*

De gueules, au palmier de sinople au crocodile enchaîné & contourné d'azur, la chaîne d'or en bande; une couronne de laurier aussi de sinople attachée à dextre du palmier, avec ces mots d'or abrégés, *col.* à dextre, *nem.* à senestre, qui signifient *Colonia Nemausensis*, COLONIE DE NISMES.

Ces armes sont tirées d'une ancienne médaille de la Colonie de Nismes frappée sous l'empire d'AUGUSTE : elles furent confirmées par Lettres-patentes du Roi *FRANÇOIS I*, au mois de Juin 1535.

Deux palmes de sinople liées de gueules accolent l'écu.

NISMES envoie *deux Députés* aux ETATS, le *premier Consul* qui est en charge & *celui* qui en est sorti.

Le Diocèse de NISMES a cinq Villes qui par *tour* envoïent un DEPUTÉ.

SOMMIERES.

BBAUCAIRE.

MASSILLARGUES .... 1768.

AYMARGUES .... 1769.

MILHAU .... 1770.

ARMES *de ces Villes.*

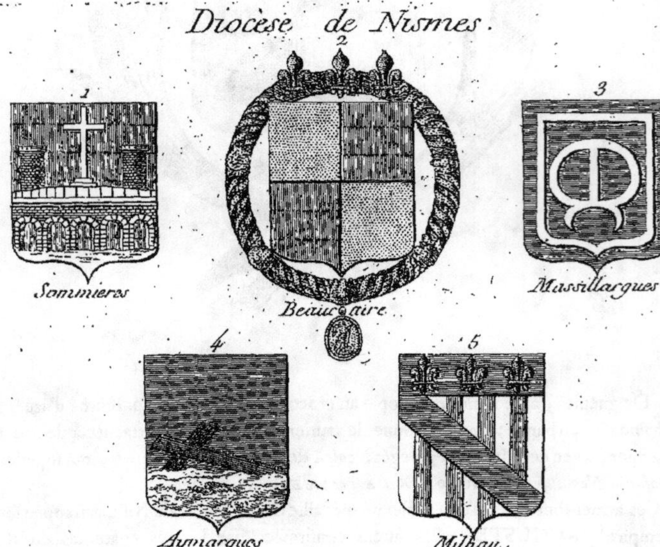

1 SOMMIERES; de gueules au pont de cinq arches, chargé d'une croix haute à deux marches au bas, accôtée de deux tours, le tout d'argent, & posé sur le pont en pointe une riviere de même.

2 BEAU-

2 BEAUCAIRE; écartelé d'or & de gueules.

L'écu sommé de trois fleur-de-lys du premier émail & accolé de l'ordre de Saint-Michel.

Il est dit dans un Livre intitulé, *RECHERCHES HISTORIQUES ET CHRONOLOGIQUES SUR LA VILLE DE BEAUCAIRE*, *imprimé à Avignon, en 1718, in-8°, page 12, Article XXV; que le titre de ce privilège distinctif, qu'a la ville de BEAUCAIRE d'orner ses armoiries du collier de Saint-Michel, fut perdu pendant les guerres civiles, & qu'il y a lieu de croire que le Roi LOUIS XI, fondateur de cet Ordre, qui avoit accordé aux habitans de BEAUCAIRE plusieurs graces, les avoit encore honorés de cette faveur, comme un témoignage de sa reconnoissance pour leur inviolable attachement au service de la couronne. Plusieurs monumens publics où se trouvent les armes de cette ville accolées de l'ordre de Saint-Michel, soit sceaux ou édifices, semblent confirmer cet usage; entr'autres, la Communauté de BEAUCAIRE obtint un Arrêt du Conseil, daté du 3 Septembre 1678, pour faire construire un HÔTEL-DE-VILLE. Le bail en fut passé la même année à l'Entrepreneur; les armoiries de la Ville, décorées du cordon de Saint-Michel, furent placées sur le frontispice de la porte d'entrée de cet Hôtel en 1680.*

3 MASSILLARGUES; d'azur, à une *M* gothique d'argent, enclose dans un orle de même.

4 AYMARGUES; d'azur, à une riviere d'argent, ombrée de champ de l'écu; une croix de sable flottante sur la riviere, la partie haute de cette croix tournée du côté dextre.

5 MILHAU; d'or, à quatre pals de gueules, à la bande d'azur, brochante sur les pals, au chef de France.

NARBONNE, *cinquieme Ville.*

Parti, au premier de gueules, à une clef d'or; au deuxieme de gueules à une croix à double traverse pattée d'argent, la traverse inférieure plus grande. (On nomme aussi cette croix, *Croix patriarchale.*) Au chef cousu de France.

L'écu accompagné de deux palmes de sinople, liées de gueules.

La Ville de NARBONNE envoie chaque année aux ETATS son premier *Consul* & un *autre Député.*

Le DIOCÈSE envoie *deux Députés*, dont un des vingt-quatre Lieux ſuivans, & *le Syndic du Diocèſe.*

PEPIEUX.

FABRESAN.

FLEURY, ci-devant PERIGNAN .... 1768.

GRUISSAN .... 1769.

PEIRIAC-DE-MER .... 1770.

LA PALME .... 1771.

TUCHAN .... 1772.

DURBAN .... 1773.

VILLEROUGE .... 1774.

CAPESTAN .... 1775.

LAURAN .... 1776.

OUVEILLAN .... 1777.

LESIGNAN .... 1778.

CAUNES .... 1779.

AZILLE .... 1780.

PEIRIAC-DE-MINERVOIS .... 1781.

PUISSERGUIER .... 1782.

CUXAC .... 1783.

RIEUX, actuellement MERINVILLE .... 1784.

COURSAN .... 1785.

NISSAN .... 1786.

SIJEAN .... 1787.

BISAN .... 1788.

GINESTAS .... 1789.

ARMES de ces Villes.

Diocèse de Narbonne

1 PEPIEUX ; d'azur, à trois pies d'argent.

2 FABRESAN ; d'or, à une *F* de gueules, au chef de France.

3 PERIGNAN, dit FLEURY ; d'argent, au poirier de ſinople poſé ſur une terraſſe de même fruité d'or.

4 GRUISSAN ; d'argent au lion léopardé de gueules, accompagné de trois croiſſans de même.

5 PEIRIAC-DE-MER ; de ſable à une fleur-de-lys d'argent.

6 LA PALME ; d'azur, à un palmier d'or poſé ſur une terraſſe de même.

7 TUCHAN ; d'azur, à une montagne d'or, chargée d'une hure de Sanglier de ſable, au chef du ſecond émail chargé d'un *T* capital accôté de deux étoiles, le tout de gueules.

8 DURBAN ; écartelé, aux premier & quatrieme quartiers de gueules au chevron d'argent ; au deuxieme & troiſieme d'azur à trois faſces d'or.

9 VILLEROUGE ; de gueules, à dextre une mitre d'or, à ſeneſtre une croſſe abbatiale de même.

10 CAPESTAN ; Parti, au premier d'argent, à une aigle eſſorante de ſable de porfil, la tête contournée, la patte dextre levée ; au deuxieme d'argent, au lion de gueules.

11 LAURAN ; d'or, à trois lauriers de ſinople poſés chacun ſur une terte de même.

12 OUVEILLAN ; de France.

13 LESIGNAN ; de France.

14 CAUNES ; d'azur, à trois lions d'or.

15 AZILLE ; de France.

16 PEIRIAC-DE-MINERVOIS ; d'argent à trois pierres de ſable.

Suite des Armes de ces Villes.

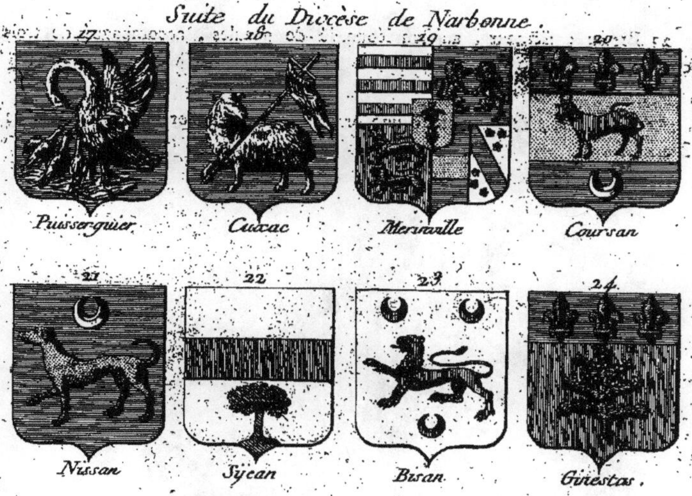

17 PUISSERGUIER ; d'azur, au pelican d'argent avec sa pieté de même ; c'est-à-dire se becquetant la poitrine pour nourrir ses petits.

18 CUZAC ; d'azur, à l'agneau Paschal d'argent.

19 RIEUX, dit MERINVILLE; écartelé, au premier quartier, d'argent à trois fasces de gueules ; au deuxieme d'argent à deux lions affrontés d'or ; au troisieme de gueules, à deux lions léopardés d'or ; au quatrieme Parti, d'azur à la fasce d'or, & d'argent, à la bande d'azur, accompagnée de six roses de gueules rangées en orle ; sur le tout d'or au lys de gueules.

20 COURSAN ; d'azur, à la fasce d'or, chargée d'une vache de gueules ; accompagnée en chef de trois fleur-de-lys du second émail & en pointe d'un croissant d'argent.

21 NISSAN ; d'azur au levrier passant d'or, accompagnée en chef d'un croissant d'argent.

22 Sijean ; d'argent, à la fasce de gueules, accompagnée en pointe d'un arbre de sinople posé sur une terte mouvante du bas de l'écu.

23 Bisan ; d'argent, au lion léopardé de gueules, accompagné de trois croissans de même.

24 Ginestas ; de gueules, à une branche de genest d'or, au chef cousu de France.

LE PUY, *sixieme Ville.*

Semé de France, à l'aigle d'argent au vol abaissé, brochante sur le tout.

L'écu accolé de deux palmes de sinople, liées d'azur.

Ces armes furent concedées à la ville d'Anis, connue actuellement sous le nom du Puy, par Hugues Capet environ l'an 992, à la sollicitation de *Guy Foulques*, évêque du Velay.

La Ville du Puy a acquis depuis quelques années la Mairie qu'elle a placé sur la tête de son *premier Consul* en exercice,

Cette VILLE envoïe aux ETATS son *premier Consul* & un autre Député qui est *un Exconsul.*

Le DIOCÈSE n'envoïoit point autrefois de Député ; mais par Arrêt du Conseil du 23 Janvier 1714 sur le consentement des ETATS qui autorise une délibération des Etats particuliers du Païs de Velay pour y envoïer *un Député*, LE SYNDIC dudit Païs a toujours rempli cette place depuis l'année 1714, en qualité de *Diocèsain.*

BEZIERS, *septieme Ville.*

D'argent, à trois fasces de gueules, au chef de France.
L'écu accolé de deux palmes de sinople, liées du champ.

La Ville de BEZIERS envoie aux ETATS son *premier Consul* & *un autre Député.*

Le Diocèse envoie toujours *le premier Consul* de GIGNAC.

ARMES *de cette Ville.*

Diocese de Beziers.

GIGNAC porte de gueules, à la tour d'argent, accompagnée en chef de trois fleur-de-lys d'or.

L'écu acolé à dextre d'une branche de laurier & à senestre d'une palme, le tout de sinople ; les tiges passées en sautoir & liées de gueules.

UZES, *huitieme Ville.*

D'argent, à trois fasces de gueules, au chef de France.
L'écu accolé de deux palmes de sinople, liées du champ.

La Ville d'UZÈS envoie *deux* *Consuls* aux ETATS.

Le Diocèse d'UZÈS est dans l'usage d'envoïer *deux*

Députés, l'un desquels est envoié de la Ville du Saint-Esprit, l'autre de celle de Bagnols, alternativement.

{LE SAINT-ESPRIT .... 1768.
{BAGNOLS .... 1769.

Sept autres Villes envoient par *tour un second Député*.

ROQUEMAURE.

LES VANS.

ARAMON .... 1768.

BARJAC .... 1769.

MONTFRIN .... 1770.

VALABREGUES .... 1771.

SAINT-AMBROIX .... 1772.

1 LE SAINT-ESPRIT; de gueules, au pont de six arches posé sur une riviere d'argent, chargé d'une croix haute fleuronnée d'or, accôté de deux fleur-de-lys de même & aux extrémités du pont, deux tours crenelées & couvertes aussi d'argent; sur le haut de la croix, un Saint-Esprit de même.

2 BAGNOLS; d'azur, à trois cuves couvertes d'or.

ARMES de ces *Villes.*

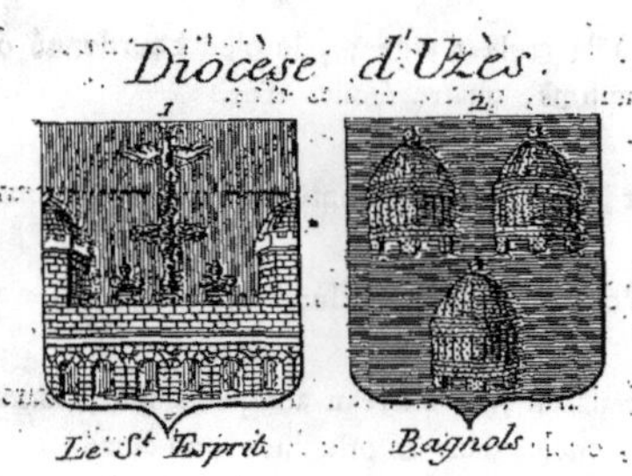

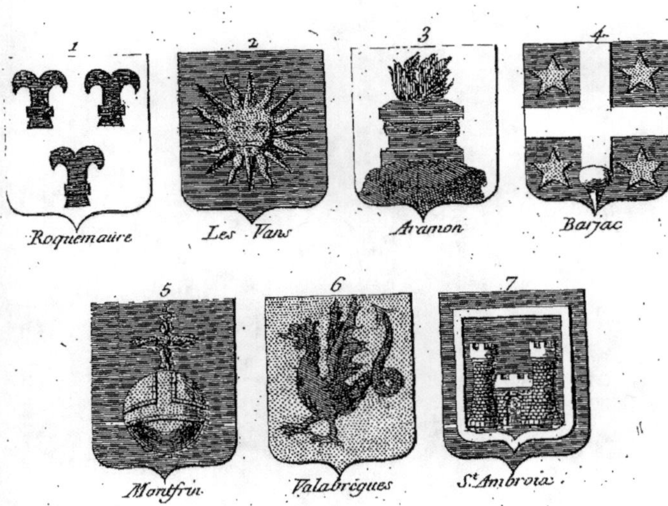

1 ROQUEMAURE; d'argent à trois roc-d'-échiquiers de sable.

2 LES VANS; d'azur, au soleil d'or.

3 ARAMON; d'argent, à une montagne de sinople, au sommet un autel à

l'antique d'azur sur lequel se trouve une flâme de gueules.

4 BARJAC ; d'azur, à la croix d'argent, le pied bourdonné ou pommeté & fiché de même, aux cantons, quatre étoiles d'or.

5 MONTFRIN ; d'azur, au monde surmonté d'une croix fleuronnée d'or.

6 VALABREGUES ; d'or, au dragon de sinople.

7 SAINT-AMBROIX ; d'azur, au château antique à deux tours d'argent, maçonné & ouvert de sable, enclos dans un orle du second émail.

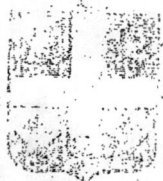

ALBY,

ALBY, *neuvieme Ville.*

De gueules, à la croix archiépiſcopale d'or; un portique à deux portes ouvertes d'argent, les herſes levées, à quatre créneaux; un léopard du ſecond émail ayant les quatre pattes poſées ſur les créneaux; le tout brochant ſur la croix; un ſoleil auſſi du ſecond émail à dextre en chef & une lune en décours du troiſieme émail à ſeneſtre en chef.

Deux palmes de ſinople, liées de gueules, ſervent d'ornement extérieur à l'écu.

Deviſe: *Stat baculus, vigilatque leo, turreſque tuetur.*

Deux Conſuls de la Ville d'ALBY ſont députés chaque année aux ETATS.

Trois Villes du DIOCESE envoient tour à tour un Député.

RABASTENS.

GAILLAC.

CORDES..1768.

ARMES *de ces Villes.*

Diocese d'Alby

1 2 3

Rabastens *Gaillac* *Cordes.*

1 RABASTENS; tiercé en fasces; au premier d'azur à trois fleur-de-lys d'or; au deuxieme de gueules à la croix vuidée, clechée, pommetée & alesée d'or; au troisieme de sable, à trois raves d'argent.

2 GAILLAC; d'or, au coq de gueules, à la bordure crenelée de douze crénaux d'azur, trois fleur-de-lys d'or posées sur les trois créneaux bastillés en chef.

3 CORDES; de gueules, au château antique à trois tours d'argent, ouvert de l'émail du champ de l'écu, accompagné en chef d'une croix de Toulouse d'or, on la nomme aussi vuidée, clechée, pommetée & alesée.

LE PAYS *de Vivarais.*

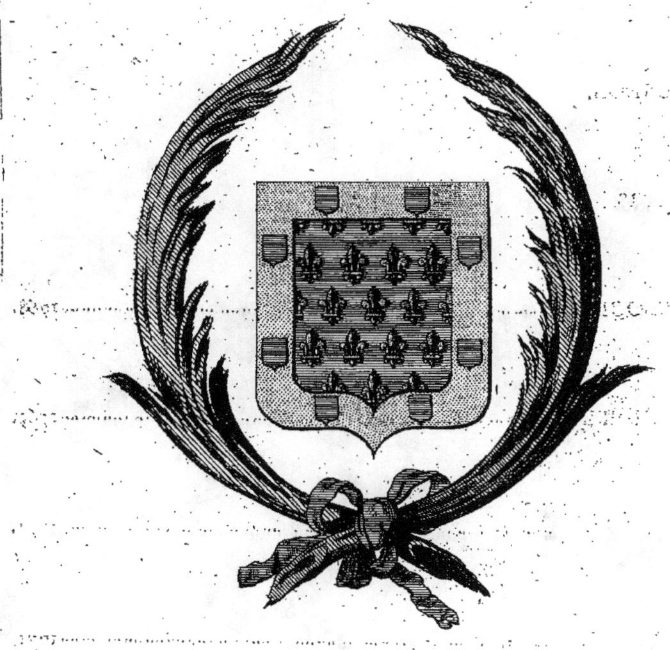

Semé de France, à la bordure d'or, chargée de huit écussons d'azur. Deux palmes de sinople accompagnent l'écu, elles sont attachées d'un lien d'azur.

Les huit écussons dont cet écu est chargé, représentent, à ce que l'on prétend, les huit Villes du Vivarais qui députent aux ETATS.

Le Païs de Vivarais envoie son *Syndic* (a) & *le premier Consul* des huit Villes suivantes aux ETATS généraux de Languedoc tour à tour.

TOURNON.

VIVIERS.

BOULOGNE..1768.

LARGENTIERE..1769.

JOYEUSE..1771.

ANNONAY..1771.

MONTLOR..1772.

LE BOURG SAINT-ANDEOL..1773.

(a) Le *Syndic* du Vivarais occupe aux ETATS une place entre les *Députés* des Villes de Narbonne & du Puy.

ARMES *de ces Villes.*

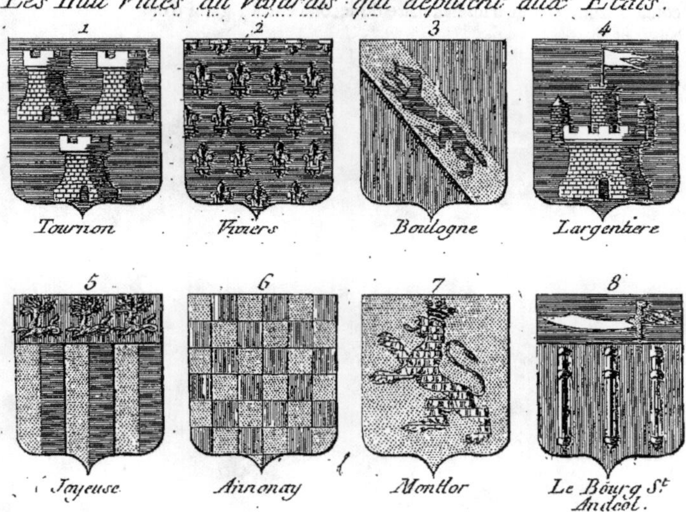

1 TOURNON ; d'azur, à trois tours d'argent, ouvertes & maçonnées de ſable.

2 VIVIERS ; ſemé de France.

3 BOULOGNE ; de gueules, à la bande d'or, chargée d'une fouine d'azur.

4 LARGENTIERE ; d'azur, au château crénelé de cinq créneaux & donjonné ; ayant deux guerites, le donjon auſſi crénelé de cinq créneaux eſt ſurmonté d'une girouette ; le tout d'argent. Ce château eſt ouvert de ſable & maçonné de même.

5 JOYEUSE ; palé d'or & d'azur, au chef de gueules, chargé de trois hydres à ſept têtes d'or.

6 ANNONAY ; échiqueté d'or & de gueules.

7 MONTLOR ; d'or, au lion de vair, armé, lampassé & couronné de gueules.

8 LE BOURG SAINT-ANDEOL ; de gueules, à trois bourdons d'argent, au chef cousu d'azur, chargé d'un badelaire du second émail, garni d'or.

MENDE, *dixieme Ville.*

D'azur, à une *M* gothique d'or, surmonté d'une soleil de même.

L'écu accolé de deux palmes de sinople liées d'azur.

La Ville de MENDE envoie son premier Consul aux ETATS.

Le Syndic du Diocèſe & le Député de MARUEJOLS, qui eſt une Ville fixe, ſont les deux Députés diocèſains.

ARMES *de cette Ville.*

MARUEJOLS; d'azur, au château à trois tours d'argent, celle du milieu plus haute; ce château ouvert, ajouré & maçonné de ſable, accompagné en chef d'une main dextre vêtue d'un gantelet du ſecond émail, tenant une fleur-de-lys d'or. L'écu accolé de deux palmes de ſinople attachées d'un lien du champ.

CASTRES,

CASTRES, *onzieme Ville.*

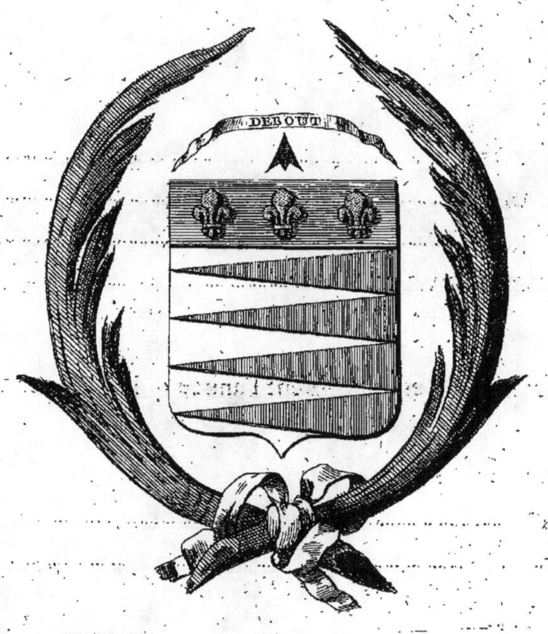

D'argent, à quatre emmanches de gueules mouvantes du flanc senestre de l'écu. Au chef de France.

Cimier: *Une chaussetrape.*

Devise: *Debout.*

On dit que ce cimier fut pris en mémoire d'une victoire gagnée par le secours des chaussetrapes qui arrêterent la cavalerie.

Et la devise *debout*, signifie que les habitans de CASTRES, fideles sujets du ROI, sont prêts à marcher, quand il s'agit de son service.

Deux palmes de sinople attachées d'un lien du champ de l'écu, l'accolent & l'accompagnent.

Deux Consuls de la Ville de CASTRES vont aux ETATS.

Neuf Villes du DIOCÈSE envoïent par tour un *Député.*

Six VILLES y vont de sept ans en sept ans.

LAUTREC.

LACAUNE.

SAINT-GERVAIS .... 1769.

SAINT-AMANS .... 1770.

MONTREDON .... 1771.

CASTELNAU DE BRASSAC .... 1772.

Trois autres Villes remplissent l'annee qui suit LACAUNE.

BRIATESTE.

GRAULHET .... 1768.

FIAC .... 1775.

Après l'une de ces trois Villes, on revient à la Ville de SAINT-GERVAIS, à celle de SAINT-AMANS & ainsi de suite, de maniere que BRIATESTE, GRAULHET & FIAC n'entrent aux ETATS qu'une seule fois en vingt-un ans.

LAUTREC prendra son tour en .... 1773.

LA CAUNE en .... 1774.

Et les autres Lieux les années suivantes, dans l'ordre ci-dessus observé.

ARMES des fix Villes.

1 LAUTREC ; d'azur, à dextre un chêne d'or, à feneftre une tour donjonnée de trois donjons, celui du milieu plus haut terminé par une croix haute, le tout d'argent, la tour ouverte de fable.

2 LA CAUNE ; de gueules, à un valet de chiens, fonnant du cor d'argent, tenant de la main feneftre deux limiers de même.

3 SAINT-GERVAIS ; d'or, au trident renverfé d'azur, la partie fupérieure du manche potencée ; ce trident accompagné de trois pattes de lion, celles en chef affrontées.

4 SAINT-AMANS ; d'azur, à la harpe d'or, accompagnée en pointe de deux fleur-de-lys de même.

5 MONTREDON ; d'or, à la tour crenelée de quatre piéces, pofée devant une muraille crenelée de fix piéces, le tout d'azur, maçonné de fable, la porte ouverte de même.

6 CASTELNAU-DE-BRASSAC ; de gueules, à l'orme d'or ayant fes racines, au chef coufu de France.

ARMES de trois Villes.

Suite du Diocese de Castres.

1 BRIATESTE; d'azur, au casque de front orné d'un panache, soutenu de deux lions affrontés, le tout d'or.

2 GRAULHET; parti, au premier, d'argent, à un épi de froment de sinople; au deuxieme, d'azur, à un marteau d'or.

3 FIAC; d'azur, à trois feuilles de figuier d'or.

SAINT-PONS, *douzieme Ville.*

D'argent, à un orme de sinople fûté de sable, adextré d'une *S* & senestré d'un *P* de même.

L'écu accolé de deux palmes du second émail, liées du champ.

Le *premier Consul* de SAINT-PONS & un autre *Député* vont aux ETATS.

Les Villes ſuivantes envoient par *tour* un *Député Diocéſain.*

LA SALVETAT.

OLARGUES.

CESSENON..1768.

CRUSY...1769.

OLONZAC..1770.

LA LIVINIERE...1771.

ANGLES...1772.

ARMES de ces Villes.

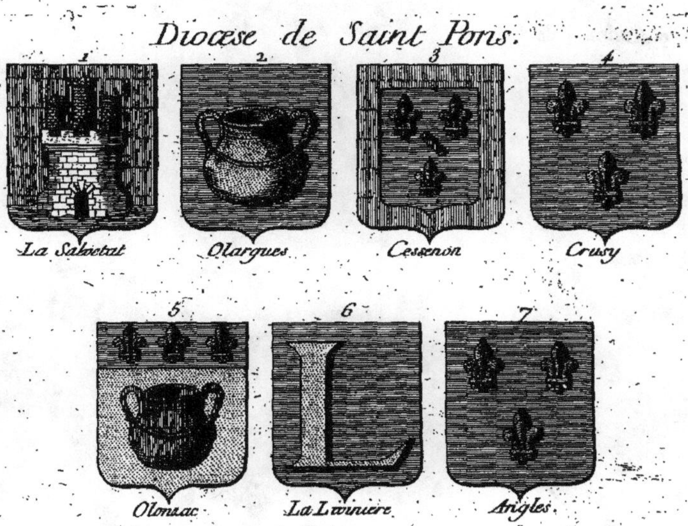

Diocæse de Saint Pons.

1 La Salvetat — 2 Olargues — 3 Cessenon — 4 Crusy

5 Olonzac — 6 La Liviniere — 7 Angles.

1 LA SALVETAT ; de gueules, à la tour d'argent, à trois donjons d'or, celui du milieu plus élevé, cette tour ouverte de sable & posée sur une riviere d'azur.

2 OLARGUES ; d'azur au pot ayant une anse, le tout d'or.

3 CESSENON ; d'azur, à trois fleur-de-lys d'or, à la bordure de gueules ; au centre de l'écu, un bâton péri en bande de même.

4 CRUSY ; de France.

5 OLONZAC ; d'or, au pot ayant une anse le tout de gueules, au chef de France.

6 La Livinière; d'azur, à la lettre *L* d'or.

7 Angles; de France.

AGDE,

AGDE, *treizieme Ville.*

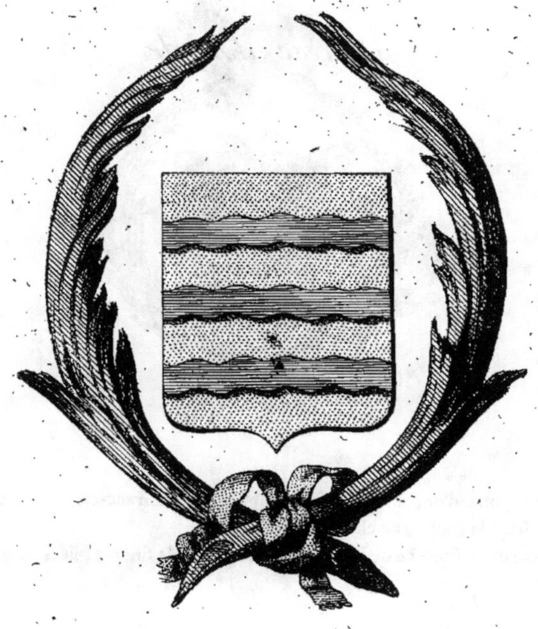

D'or, à trois fasces ondées d'azur.

Deux palmes de finople liées du champ, accompagnent l'écu & lui servent d'ornement.

La Ville d'AGDE envoie deux *Députés* aux ETATS.

PEZENAS est la seule Ville qui envoie un *Député*.

ARMES de *PEZENAS*.

Cette Ville porte d'or, à trois fasces de gueules, au franc-canton du champ, chargé d'un dauphin d'azur, au chef de France.

L'écu accolé d'une branche de laurier & d'une palme de sinople, liées de gueules.

MIREPOIX ET FANGEAUX,

quatorze & quinzieme Ville.

MIREPOIX ; d'azur, à un poisson d'argent posé en fasce, au chef cousu de gueules chargé de trois étoiles d'or.

L'écu accolé de deux palmes de sinople, liées d'azur.

FANGEAUX ; de gueules, à la croix vuidée, clechée, pommetée & alésée d'or, au chef cousu de France.

Pour ornément extérieur, deux palmes de sinople, liées de gueules.

Le *premier Consul* de la Ville de MIREPOIX & un Député de FANGEAUX, vont chaque année à l'Assemblée des ETATS.

Deux Villes envoïent tour à tour un *Député Diocèsain.*

LA ROQUEDOLME .... 1768.

CINTEGABELLE .... 1769.

ARMES *de ces Villes.*

Suite du Diocese de Mirepoix.

1 

La Roquedolme.

2 

Cintegabelle.

1 LA ROQUEDOLME ; d'azur, à trois rochers d'argent.

2 CINTEGABELLE ; d'azur, à une gerbe de bled d'or, au chef cousu de gueules, chargé de trois étoiles du second émail.

LODEVE, *seizieme Ville.*

D'azur, à la croix cantonnée d'une étoile, d'un croissant, d'un *L* & d'un *D*; le tout d'or.

Deux palmes de sinople liées d'azur, accompagnent l'écu & lui servent d'ornement extérieur.

La Ville de LODEVE envoie son *premier Consul* & un autre *Député*.

CLEMONT-LODEVE eſt la ſeule Ville qui envoie un *Député Diocèſain.*

ARMOIRIES.

Cette ville porte d'argent, à la faſce de gueules, accompagnée en chef de deux mouchetures d'hermines de ſable & en pointe d'un tourteau du ſecond émail; au chef d'azur, chargé de deux fleur-de-lys d'or.

L'écu accolé de deux branches de laurier de ſinople, liées d'argent.

LAVAUR, *dix-septieme Ville.*

De gueules, à la tour donjonnée de trois piéces, accompagnée en pointe d'une ancre dont la ſtangle ſe termine en croix, le tout d'argent, au chef couſu de France. Pour ornement extérieur, deux palmes de ſinople, liées de gueules.

Cette Ville envoie aux ETATS *deux Conſuls.*

Cinq Villes envoïent par tour un *Député Diocésain.*

SAINT-PAUL.

PUILAURENS.

REVEL .... 1768.

LA BRUYIERE .... 1769.

SOREZE .... 1770.

ARMES des ces Villes.

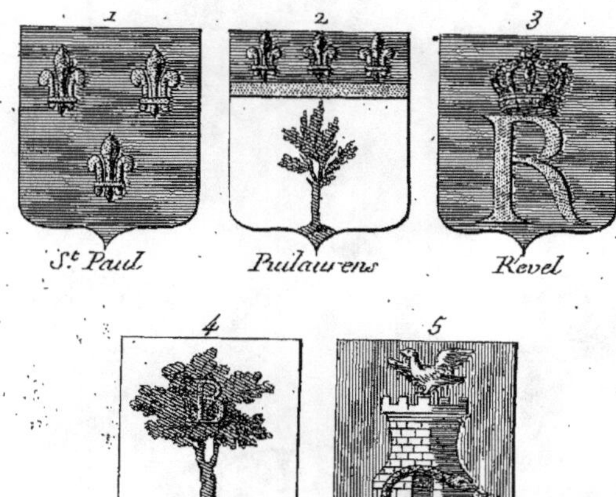

1 SAINT-PAUL ; de France.

2 PUILAURENS ; d'argent au laurier de sinople, au chef de France soutenu d'une divise d'or.

3 REVEL ; d'azur, à une *R* d'or, accompagnée en chef d'une couronne royale de France de même.

4 LA BRUYIERE, d'argent au chêne de sinople posé sur une terrasse de même; un *B* d'or brochant sur le milieu des feuilles de l'arbre.

5 SOREZE ; de gueules, à la tour crenelée de cinq creneaux d'argent, surmontée d'une colombe essorante de même ; une bisse contournée d'or pliées en trois parties en fasces, la partie supérieure brochante sur la porte de la tour qui est ouverte de sable.

SAINT-PAPOUL ET CASTELNAUDARY,

dix-huitieme & dix-neuvieme Villes.

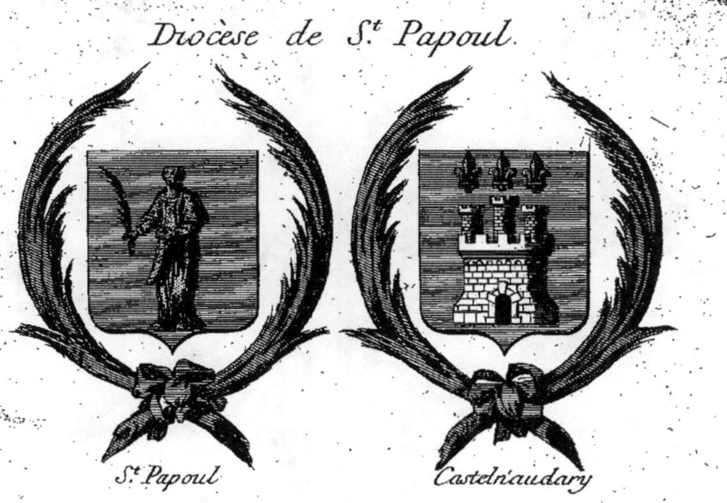

SAINT-PAPOUL ; d'azur, au Saint-Papoul habillé en diacre, tenant de sa main dextre une palme & de la senestre le crâne de sa tête, le tout d'or.

Deux palmes de sinople liées du champ accompagnent l'écu.

CASTELNAUDARY, d'azur, à la tour à cinq créneaux d'argent donjonnée de trois donjons, celui du milieu plus élevé, la porte de la tour ouverte de sable ; en che trois fleur-de-lys d'or.

Pour ornement extérieur, deux palmes de sinople liées d'azur.

Le *premier Consul* de la Ville de SAINT-PAPOUL va aux ETATS en qualité de *Député*.

La Ville de CASTELNAUDARY en envoie aussi un chaque année.

Ces deux *Députés* n'ont qu'une voix.

Le *Syndic* du Diocèse de SAINT-PAPOUL entre aussi tous les ans aux ETATS & y remplit la place de *Député Diocèsain*.

ALET ET LIMOUX; *les vingtieme & vingt-unieme Villes.*

Diocèses d'Alet et de Limoux.

Alet *Limoux.*

ALET; d'azur, à une croix pattée, accôtée de deux étoiles & posée sur une vergette, le tout d'or; la vergette brochante sur un vol abaissé d'argent & soutenu d'une foi de même.

Deux palmes de sinople liées d'azur, servent d'ornement à l'écu.

LIMOUX; d'azur, à un Saint-Martin, coupant avec son badelaire son manteau pour en couvrir un pauvre boiteux, un chien précede le cheval, le tout d'argent posé sur une terrasse cousue de sinople.

Pour ornement extérieur de l'écu deux palmes de même, attachées d'un lion du champ.

Autrefois le Diocèse d'ALET & celui de LIMOUX n'envoïoient aux ETATS de la Province qu'un seul *Député* par tour. Actuellement les Villes d'ALET & de LIMOUX envoïent chacune leur *Conſul* & un *Diocèſain* qui pour le Diocèſe d'ALET eſt actuellement, une année *le Conſul* de QUILLAN, l'année ſuivante *le Député* de l'un des trois Lieux du Pays de SAULT par tour & enfin la troiſieme année *le Député* de l'un des quatre Lieux du Pays de FENOUILLEDES auſſi par tour; après ſuit *le Conſul* de QUILLAN, l'autre année celui du Pays de SAULT & l'année ſuivante celui du Pays de FENOUILLEDES.

Et toûjours de même ſucceſſivement en revenant tous les trois ans au *Conſul* de QUILLAN.

	QUILLAN	1767. 1770. 1773. 1776. 1779.
LE PAYS DE SAULT	RODOME	1768.
	BELCAIRE	1771.
	ROQUEFEUIL	1774.
LE PAYS DE FENOUILLEDES.	CAUDIES	1769.
	SAINT-PAUL	1772.
	LA TOUR DE FRANCE	1775.
	SOURNIA	1778.

ARMOIRIES de ces Villes.

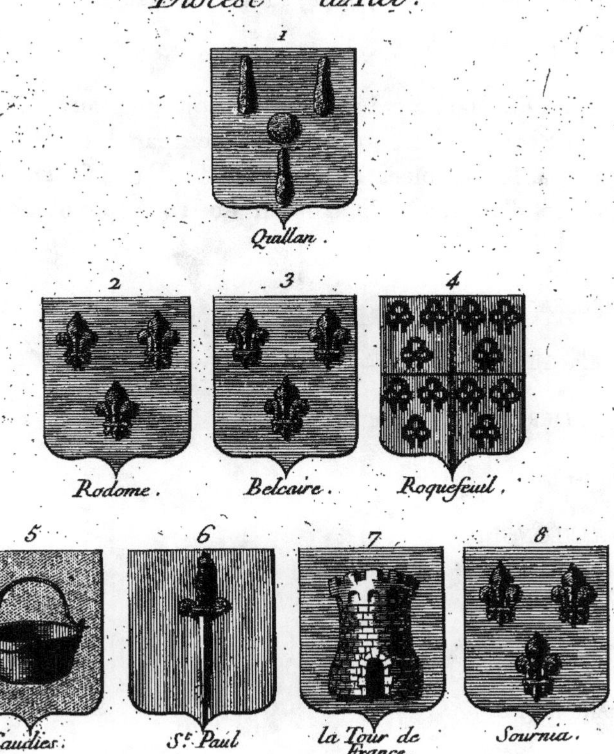

1 QUILLAN; d'azur, à trois quilles d'or & une boule de même au centre de l'écu.

2 RODOME; de France.

3 BELCAIRE, de France.

4 ROQUEFEUIL ; écartelé de gueules & de gueules par deux traits d'or en croix, à douze cordelieres de même en forme de treffles, trois dans chaque canton,

5 CAUDIES; d'or, au chaudron de gueules, l'ance levé.

6 SAINT-PAUL, de gueules, à une épée d'argent garnie d'or, la pointe en bas.

7 LA TOUR DE FRANCE; d'azur, à une tour d'argent.

8 SOURNIA; de France.

Le Diocèsain de LIMOUX qui doit aller aux ETATS de de la Province, est toûjours nommé par douze Lieux du Pays à l'Assemblées de l'assiette du Diocèse en conséquence d'un Arrêt du Conseil du 16 Septembre 1710. Ces Lieux sont,

PIEUSSANT.

ALLAGNES.

ROUTIER.

MAGRIAN.

VILLELONGUE.

MAZEROLLES.

BRUGUEIROLLES.

CAMBIEURE.

MALVIÈS.

CEPIAN.

LAURAGUEL.

BELVESE.

ARMES

ARMES *de ces Villes.*

Diocèse de Limoux.

1 *Pieussant* — 2 *Allagnes* — 3 *Routier* — 4 *Magrian*

5 *Villelongue* — 6 *Mazerolles* — 7 *Bruguerolles* — 8 *Cambieure*

9 *Malvies* — 10 *Cepian* — 11 *Lauraguel* — 12 *Belvese*

1 PIEUSSANT ; d'argent ; au lion léopardé de gueules ; accompagné de trois croissans de même.

2 ALLAGNES ; de même.

3 ROUTIER ; de même.

4 MAGRIAN; de gueules, à la croix de Malte d'argent, bordée d'or.

5 VILLELONGUE; d'azur à trois aigles au vol abaissé d'argent.

6 MAZEROLLES; d'azur, à une Vierge de carnation, vêtue d'argent.

7 BRUGUEIROLLES; d'argent, à trois fusées de gueules, accolées en fasce.

8 CAMBIEURE; de France.

9 MALVIÈS; de gueules, au croissant d'argent.

10 CEPIAN; d'argent, à un Saint-Benoist de carnation, habillé de sable, diademé d'or, tenant de la main dextre une crosse abbatiale de même & ayant la main senestre apaumé & étendu en bas.

11 LAURAGUEL; d'azur, à un arbre d'argent, un oiseau d'or perché au sommet de l'arbre.

12 BELVESE; d'argent, au pin de sinople posé sur une terrasse de même & deux lions affrontés de gueules appuiés sur le fut de l'arbre; au chef d'azur, chargé d'une fleur-de-lys & de deux coquilles, le tout d'or.

RIEUX, *vingt-deuxieme Ville.*

De gueules, à l'agneau paſcal d'argent, au chef couſu d'azur, chargé de trois fleur-de-lys d'or.

L'écu accolé de deux palmes de ſinople, liées de gueules.

Le *premier Conſul* de la Ville de RIEUX va chaque année aux ETATS.

Six Villes du DIOCÈSE y envoïent par tour un *Député.*

SAINT-SULPICE-DE-LEZADOIS.

GAILLAC-TOULZA.

MONTESQUIEU-DE-VOLVESTRE.. 1768.

CARBONNE.. 1769.

LE-FOUSSERET... 1770.

CAZERES.. 1771.

ARMES de ces Villes.

1 SAINT-SULPICE-DE-LEZADOIS ; Parti ; au premier de France ; au second de gueules, à la croix de Malte d'argent, bordée d'or.

2 GAILLAC-TOULZA ; d'azur, au coq paſſant d'argent, crêté, barbé & membré d'or ; en chef une fleur-de-lys de même.

3 MONTESQUIEU-DE-VOLVESTRE ; d'azur, à une pique d'or fichée ſur un mont de ſinople, à trois biſſes d'argent en faſces l'une ſur l'autre, brochantes ſur le fût de la pique.

4 CARBONNE ; de France.

5 LE-FOUSSERET ; de même.

6 CAZERES; Parti, au premier de France; au ſecond de gueules, à deux levrons paſſans d'argent.

ALAIS, *vingtroisième Ville.*

De gueules, au demi-vol dextre d'argent.
Ornement de l'écu, deux palmes de ſmople, liées de l'émail du champ.

La Ville d'ALAIS envoie ſon *premier Conſul* & un autre *Député*.

Le Diocèſe d'ALAIS a été compoſé d'une partie de celui de NISMES par Arrêt du Conſeil du 15 Janvier 1695. Quatre *Villes Diocèſaines* envoïent par tour un *Député*.

ANDUZE.
LEVIGAN.
SAUVE..1768.
SAINT-HYPOLITE...1769.

ARMOIRIES de ces Villes.

Diocese d'Alais.

1 Anduze

2 
Le Vigan

3 

Sauve

4 
S.t Hypolite.

1 ANDUZE; de gueules, à la tour donjonnée de trois donjons d'argent, celui du milieu plus élevé, cette tour ouverte de sable.

2 LE VIGAN; d'azur, à deux V consonnes d'argent dont un renversé & entrelassé avec l'autre, ils signifient *Vive Le Vigan.*

3 SAUVE; d'argent, à une montagne de sable; du sommet naît une plante de sauge à trois branches de sinople; une muraille crenelée avec deux tours quarrées, mouvantes du bas de l'écu; le tout d'or brochant sur la montagne; en chef les mots abrégés *Sal. Sal.* qui signifient *Salvia Salvatrix.*

4 SAINT-HYPOLITE; de gueules, à un château à deux tours crenelées, celle à dextre plus élevées que l'autre; ce château posé sur une montagne d'argent.

MONTAU-

MONTAUBAN.

De gueules, au saule d'or étêté, ayant six branches sans feuilles, trois à dextre; trois à senestre, au chef cousu de France.

Deux palmes de sinople accolent l'écu, elles sont attachées d'un lien de gueules.

La Ville de MONTAUBAN ne députe point aux ETATS étant du Gouvernement de Guienne; mais une partie du Diocèse étant du Languedoc, trois Villes de cette partie envoïent par tour un *Député Diocèsain.*

VILLEMUR.
MONTECH.
CASTELSARRASY...1758.

ARMES *de ces Villes.*

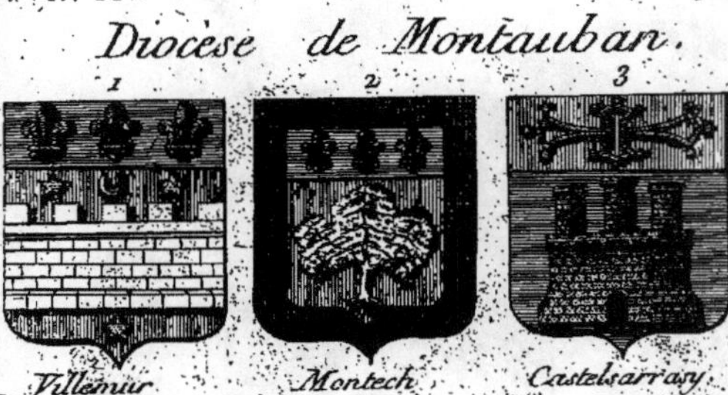

1 VILLEMUR ; de gueules, à une muraille en fasce d'argent à cinq crénaux, en chef un croissant du second émail & deux étoiles d'or, en pointe une étoile de même ; au chef cousu de France.

2 MONTECH ; de gueules, à une plante de fougère d'argent, au chef cousu de France à la bordure de sable.

3 CASTELSARRASY ; d'azur, au château antique à trois tours ou donjons d'or, ouvert & maçonné de sable, au chef cousu de gueules chargé d'une croix vuidée, clechée, pommetée & alesée d'or, on la nomme aussi croix de Toulouse.

LE PAYS DE COMMINGES.

De gueules, à quatre otelles (*a*) d'argent adossées & posées en sautoir.
Deux palmes de sinople, liées du champ de l'écu servent d'ornement extérieur.

La Ville de SAINT-BERTRAND, Capitale du Pays de Comminges, étant du Gouvernement de Guienne, n'envoie point de Député aux ETATS; VALENTINE qui est en Languedoc, est la seule Ville qui envoie son *premier Consul* tous les ans.

(*a*) Lors de l'origine du Blason vers l'an 1000 l'on nommoit en Gaulois une amande *Otelle*; de-là est venu le terme heraldique *Otelles* des Amandes de l'écu de Comminges.

ARMES *de cette Ville.*

D'azur, à trois fleur-de-lys d'or, l'écu sommé d'une couronne royale d'or. *TENANTS*, DEUX ANGES de carnation, habillés d'azur, le tout posé sur une terrasse de sinople; un lion léopardé d'or passant sous l'écu.

M. DE MONTFERRIER, *Syndic-Général.*

D'or, au ſautoir échiqueté de deux tires d'argent & de ſable, accompagné de quatre quintefeuilles de gueules.

L'écu ſommé d'une couronne de marquis.

SUPPORTS; deux levriers au naturel ayant chacun un collier de gueules, bordé & bouclé d'or.

JEAN-ANTOINE DUVIDAL, Marquis de Montferrier, Seigneur de Baillarguet & de Saint-Clement-de-Riviere, reçu en ſurvivance en la charge de *Syndic-Général* de la

Province par Lettres des ETATS du 15 Janvier 1707, est entré en possession de cette charge lors de la mort de son Pere, en Février 1733.

M. DE JOUBERT, *Syndic-Général.*

D'azur, à trois étaïes d'or; au chef d'argent, chargé d'une croix potencée du second émail, cantonné de quatre croisettes de même, chef à enquerir.
L'écu sommé d'une couronne de comte.
Cimier, un griffon naissant d'argent.
SUPPORTS, deux griffons de même.

RENÉ-GASPARD DE JOUBERT reçu Syndic-Général de la Province de Languedoc le 12 Décembre 1732 sur la démission de *Laurens-Ignace de* JOUBERT son frere, qui eut la charge de *Président* en la Cour des Comptes,

Aides & Finances de Montpellier, & qui avoit succedé à *André de* JOUBERT aussi Syndic-Général leur Pere commun, décédé en 1721; celui-ci avoit exercé cette charge pendant l'espace de cinquante-trois ans, ayant succédé à *Pierre-Baptiste de* JOUBERT son pere, qui avoit été reçu Syndic-Général le 2 Décembre 1642.

M.

M. DE LAFAGE-PAILHÈS, *Syndic-Général.*

Ecartelé; aux premier & quatrieme quartiers, Parti, d'or à trois bandes d'azur; & d'argent à la croix de gueules, qui est d'Adhemar de Monteil; aux deuxieme & troisieme écartelé d'or, d'azur, d'azur & d'argent, une aigle à deux têtes couronnées, de sable sur or & d'argent sur azur, brochante sur les deux quartiers en chef, qui est de Nobili; sur le tout d'or, à un hêtre de sinople posé sur une terrasse de même, un lion léopardé de gueules brochant sur le fut de l'arbre & passant sur la terrasse.

L'écu sommé d'une couronne de comte.

Cimier, un linx issant d'or ayant des aîles de serpent de sinople.

SUPPORTS : un lion au naturel à dextre, lampassé & armé de gueules, un linx d'or à senestre ayant des aîles de serpent de sinople, la partie inférieure du linx terminée en double queüe de poisson.

HENRY-JOSEPH DE LAFAGE, Baron de Pailhès, Seigneur de Menay, Madiere, Pujagon & autres lieux, Syndic-Général de la Province de Languedoc, obtint le 9 Décembre 1747 la ſurvivance & concurrance des fonctions de cette charge, dont il fut pourvu le 4 Décembre 1762 ſur la démiſſion de ſon pere.

M. DE LAFAGE, *Syndic-Général Honoraire.*

D'or, au hêtre de ſinople poſé ſur une terraſſe de même ; un lion léopardé de gueules brochant ſur le fût de l'arbre qui ſemble marcher ſur la terraſſe.

L'écu ſommé d'une couronne de comte.

SUPPORTS, deux lions affrontés au naturel.

JOSEPH DE LAFAGE, Seigneur de Saint-Martin, fut pourvu le 22 Décembre 1738 de la charge de Syndic-Général de la Province, dont il ſe démit le 4 Décembre 1762 en faveur de ſon fils. Il obtint des proviſions de

Syndic-Général honoraire le 2 Mars 1764, & s'est trouvé en cette qualité aux ETATS assemblés à Montpellier le 29 Novembre suivant.

M. CARRIERE, *Secrétaire & Greffier des ETATS.*

De gueules, au levrier percé d'une flèche d'argent la tête contournée, la patte dextre levée; ce levrier sur une terrasse de sinople; au chef cousu d'azur, chargé d'un croissant du second émail, accôté de deux étoiles de même.

L'écu sommé d'une couronne de comte.

CLAUDE DE CARRIERE, Seigneur de Masmolene &

de Saint-Quentin, Diocèse d'Uzès, fut reçu Secrétaire & Greffier des ETATS le 9 Décembre 1756.

M. DE ROME, *Secrétaire & Greffier des ETATS.*

D'argent, à la bande d'azur, accompagnée de deux roſes de gueules.
L'écu ſommé d'une couronne de comte.
SUPPORTS; deux lions d'argent, les têtes contournées.

JEAN-BAPTISTE DE ROME Ecuyer, fut reçu Secrétaire

& Greffier des ETATS de la Province le 22 Décembre 1757.

M. MAZADE, *Trésorier de la Bourse des ETATS.*

D'azur, au chevron accompagné en pointe d'un lionceau, le tout d'or, au chef cousu de gueules, chargé d'un croissant d'argent, accôté de deux étoiles du second émail.

L'écu sommé d'une couronne de marquis.

SUPPORTS; deux lions au naturel.

GUILLAUME MAZADE de Saint-Bresson, Seigneur d'Athis-sur-Orge, de Piédefer, de Bretigny sur Mons & autres Lieux, Secrétaire du ROI, Maison & Couronne de France & de ses Finances, nommé Trésorier des ETATS de la Province de Languedoc le 21 Février 1754, fut reçu à l'Assemblée des ETATS en ladite qualité au mois de Janvier de l'année suivante.

CHANGEMENS survenus pendant l'impression de cet ARMORIAL.

CLERGÉ.

LE ROI a nommé à l'évêché de MENDE le premier Novembre de cette année 1767 M. l'Abbé de *CASTELLANE*, l'un de ses Aumôniers, & Vicaire-général de l'Archevêché de Rheims.

La Maison de *CASTELLANE* porte pour Armes,

De gueules, au château antique d'or, donjonné de trois donjons de même.

NOBLESSE.

Marie-Angelique DUFOUR DE NOGENT, étant veuve de *Louis de BANNE*, Marquis d'AVÉJAN, Baron des ETATS, Capitaine-Lieutenant de la premiere Compagnie des Mousquetaires, fit un testament olographe le 27 Février 1748, par lequel, entr'autres dispositions, elle nomme *Catherine-Auguste de BANNE* sa fille unique, héritiere de la Baronie d'AVÉJAN ainsi que de tous ses biens & substitue par le même Acte après le décès de sadite fille, la Baronie d'AVÉJAN, qui donne droit de séance aux ETATS à *Pierre de BANNE*, Seigneur de Montgros, le plus proche parent dn nom de *BANNE*. La Marquise d'*AVÉJAN* mourut le 31 Février 1750.

Catherine-Auguste de BANNE, Marquise & Barone d'AVÉJAN, Barone des ETATS, héritiere de sa mere en Février 1750, mourut dans son Château de Sandricourt en Picardie le 19 Août de cette année 1767.

Pierre de BANNE, Seigneur de Montgros, nommé le Marquis de *BANNE*, né vèrs l'an 1706, ancien Capitaine de Cavalerie par commission du premier Mai 1739, a pris possession de la Terre & Baronie d'AVÉJAN, le 28 du mois de Septembre de la présente année en vertu du testament ci-dessus énoncé; il est en cette qualité Baron des ETATS.

TABLE DES *ARMOIRIES.*

Pages

LES ARMES DU ROI ..... 5.

Les Armes des Commissaires de Sa Majesté ;
- du Gouverneur de la Province ..... 7.
- du Commandant en Chef ..... 9.
- du Lieutenant-Général du haut Languedoc ..... 11.
- du Lieutenant-Général du bas Languedoc ..... 13.
- du Lieutenant-Général des Cevennes ..... 15.
- des Intendans de la Province ..... 17-19.
- du Trésorier de France de Toulouse ..... 21.
- du Trésorier de France de Montpellier ..... 23.

Celles des deux Sécrétaires Greffiers de Messieurs les Commissaires du ROI ..... 25-27.

LES ARMES DE LA PROVINCE ..... 29.

LE CLERGÉ.

Les armes des Archevêques ;
- de Narbonne ..... 31.
- de Toulouse ..... 33.
- d'Alby ..... 35.

Des Evêques.
- de S. Pons ..... 37.
- de Carcassonne ..... 39.
- d'Uzès ..... 41.
- de Nismes ..... 43.
- de Mirepoix ..... 45.
- de S. Papoul ..... 47.
- du Puy ..... 49.
- de Beziers ..... 51.
- de Rieux ..... 53.
- de Viviers ..... 55.
- de Lodeve ..... 57.
- de Castres ..... 59.
- d'Alais ..... 61.

Pages

Les Armes des Evêques ;
- d'Agde 63.
- de Montauban 65.
- d'Alet 67.
- de Commínges 69.
- de Montpellier 71.
- de Lavaur 73.
- de Mende 242.

De l'ancien Evêque de Mende 75.

LA NOBLESSE.

Les Armes du Comte d'Alais 77.
Celles du Vicomte de Polignac 79.

Armes des Barons ;
- d'Avejan 85, 242.
- d'Ambres 87.
- d'Aureville 89.
- de Barjac 91.
- de Bram 93.
- de Caïlus 95.
- de Calvisson 97.
- de Castelnau de Bonnefonds 99.
- de l'Acquereur du droit de Baronnie de Castelnau de Bonnefonds 101.
- de Castelnau d'Estretefons 103.
- de Castries 105.
- de Florensac 107.
- de Ganges 109.
- de Lanta 111.
- de Merinville 113.
- de Mirepoix 115.
- de Murviel 117.
- de S. Felix 119.
- de Tornac 121.
- de Villeneuve 123.

Roue des douze Baronies de tour du Vivarais 125.

Armes des Barons de tour du Vivarais.
- d'Annonay, de Lavoulte, de Tournon 127.
- de Joyeuse 129.
- d'Aubenas, de Montlor, de Vogué 131.
- de Largentiere 133.
- de Boulogne 135.
- de Crussol 137.
- de Chalancon & de la Tourette 139.
- de S. Remese 141.

		Pages
Roue des huit Baronnies de tour du Gévaudan		143.
Armes des Barons de tour de Gévaudan ;	d'Apchier	145.
	du Tournel, de S. Alban	147.
	du Roure, de Florac	149.
	de Mercœur	151.
	de Peyre	153.
	de Senaret	155.

LE TIERS ÉTAT.

Armes des Villes Episcopales, & Lieux qui députent de chaque Diocèse ;		Députés des Villes,	Députés des Diocèses.	Pages
	Toulouse	2	2	157.
	Montpellier	2	1	161.
	Carcassonne	2	1	165.
	Nismes	2	1	167.
	Narbonne	2	2	171.
	Le Puy	2	1	177.
	Béziers	2	1	179.
	Uzès	2	2	181.
	Alby	2	2	185.
	Le Pays de Vivarais		2	189.
	Mende	1	2	191.
	Castres	2	1	193.
	S. Pons	2	1	197.
	Agde	2	1	201.
	Mirepoix & Fanjaux	1	2	203.
	Lodeve	2	1	205.
	Lavaur	2	1	207.
	S. Papoul & Castelnaudary	1	2	211.
	Alet & Limoux	1	3	213.
	Rieux	1	1	219.
	Alais	2	1	223.
	Montauban		1	225.
	Comminges		1	227.

OFFICIERS DE LA PROVINCE.

Pages

Les Armes des Syndics-Généraux .... 229, 231, 233.

Celles { du Syndic-Général honoraire .... 235.
des Secretaires-Grêffiers des Etats .... 237, 239.
du Trésorier de la Bourse .... 241. }

M. DE MONTFERRIER fils, Syndic Général en furvivance.

D'or; au fautoir échiqueté de deux tires d'argent & de fable, cantonnée de quatre quintefeuilles de gueules.

L'écu fommé d'une couronne de Marquis.

SUPPORTS; deux lévriers au naturel, les têtes contournées, leurs colliers de gueules, bordés & bouclés d'or.

JEAN-JACQUES-PHILIPPE-MARIE DUVIDAL de Montferrier né le 12 Avril 1752; reçu en furvivance de fon pere en la charge de Syndic-Général de la Province par lettres des Etats du 31 Décembre 1767.

PRIVILEGE DU ROY.

LOUIS, par la grace de Dieu, Roi de France & de Navarre: A nos amés & féaux Conseillers les Gens tenans nos Cours de Parlement, Maîtres des Requêtes ordinaires de notre Hôtel, Grand-Conseil, Prevôt de Paris, Baillifs, Sénéchaux, leurs Lieutenans Civils, & autres nos Justiciers qu'il appartiendra, SALUT. Notre amé le Sieur GASTELIER DE LA TOUR, Ecuyer, Nous a fait exposer qu'il désireroit faire imprimer & donner au Public un Ouvrage qui a pour titre *Nobiliaire historique de Languedoc*; s'il nous plaisoit lui accorder nos Lettres de Privilége pour ce nécessaire: A CES CAUSES, voulant favorablement traiter l'Exposant, Nous lui avons permis & permettons par ces Présentes de faire imprimer ledit Ouvrage autant de fois que bon lui semblera, & de le faire vendre & débiter par tout notre Royaume pendant le tems de douze années consécutives; à compter du jour de la date des Présentes, Faisons défenses à tous Imprimeurs, Libraires, & autres personnes, de quelque qualité & condition qu'elles soient, d'en introduire d'impression étrangere dans aucun lieu de notre obéissance, comme aussi imprimer, faire imprimer, vendre, faire vendre, débiter, ni contrefaire ledit Ouvrage, ni d'en faire aucun extraits, sous quelque prétexte que ce puisse être, sans la permission expresse & par écrit dudit Exposant, ou de ceux qui auront droit de lui, à peine de confiscation des Exemplaires contrefaits, de trois mille livres d'amende contre chacun des Contrevenans, dont un tiers à Nous, un tiers à l'Hôtel-Dieu de Paris, & l'autre tiers audit Exposant ou à celui qui aura droit de lui, & de tous dépens, dommages & intérêts; à la charge que ces Présentes seront enregistrées tout au long sur le Registre de la Communauté des Libraires & Imprimeurs de Paris, dans trois mois de la date d'icelles; que l'impression dudit Ouvrages sera faite dans notre Royaume & non ailleurs, en bon papier & beaux caracteres, conformément à la feuille imprimée attachée pour modèle sous le Contre-Scel des Présentes, que l'impétrant se conformera en tout aux Réglemens de la Librairie, & notamment à celui du 10 Avril 1725; qu'avant de l'exposer en vente, le Manuscrit qui aura servi de copie à l'impression dudit Ouvrage, sera remis dans le même état où l'Approbation y aura été donnée, ès mains de notre très-cher & féal Chevalier Chancelier de France, le sieur DE LAMOIGNON, & qu'il en sera ensuite remis deux Exemplaires dans notre Bibliotheque publique, un en celle de notre Château du Louvre, un en celle de notredit très-cher & féal Chevalier Chancelier de France, le sieur DE LAMOIGNON, le tout à peine de nullité des Présentes: du contenu desquelles vous mandons & enjoignons de faire jouir ledit Exposant & ses ayans cause, pleinement & paisiblement, sans souffrir qu'il leur soit fait aucun trouble ou empêchement. Voulons que la copie des Présentes, qui sera imprimée tout au long au commencement ou à la fin dudit Ouvrage, soit tenue pour dûement signifiée, & qu'aux copies collationnées par l'un de nos amés, féaux Conseillers & Secrétaires, foi soit ajoûtée comme à l'original. Commandons au premier notre Huissier ou Sergent sur ce requis, de faire, pour l'exécution d'icelles, tous actes requis & necessaires, sans demander autre permission, & nonobstant Clameur de Haro, Charte Normande & Lettres à ce contraires: CAR tel est notre plaisir. DONNÉ à Versailles le dix-septieme jour du mois d'Avril l'an de grace mil sept cent soixante & un; & de notre Regne le quarante-sixieme. Par le Roi en son Conseil.

Signé VOIGNY.

Registré sur le Registre XV de la Chambre Royale & Syndicale des Libraires & Imprimeurs de Paris, N° 133, Fol. 169, conformément au Réglement de 1723, qui fait défenses, article 41, à toutes personnes, de quelque qualité & condition qu'elles soient, autres que les Libraires & Imprimeurs, de vendre, débiter & faire afficher aucuns Livres pour les vendre, en leurs noms soit qu'ils s'en disent les Auteurs ou autrement; à la charge de fournir à la susdite Chambre huit Exemplaires prescrits par l'article 108 du même Réglement. A Paris, le 7 Mai 1761.

Signé G. SAUGRAIN, *Syndic.*

www.ingramcontent.com/pod-product-compliance
Lightning Source LLC
Chambersburg PA
CBHW062211270326
41930CB00009B/1712
* 9 7 8 2 0 1 2 5 2 4 5 2 1 *